essentials

essentials liefern aktuelles Wissen in konzentrierter Form. Die Essenz dessen, worauf es als „State-of-the-Art" in der gegenwärtigen Fachdiskussion oder in der Praxis ankommt. *essentials* informieren schnell, unkompliziert und verständlich

- als Einführung in ein aktuelles Thema aus Ihrem Fachgebiet
- als Einstieg in ein für Sie noch unbekanntes Themenfeld
- als Einblick, um zum Thema mitreden zu können

Die Bücher in elektronischer und gedruckter Form bringen das Fachwissen von Springerautorinnen kompakt zur Darstellung. Sie sind besonders für die Nutzung als eBook auf Tablet-PCs, eBook-Readern und Smartphones geeignet. *essentials* sind Wissensbausteine aus den Wirtschafts-, Sozial- und Geisteswissenschaften, aus Technik und Naturwissenschaften sowie aus Medizin, Psychologie und Gesundheitsberufen. Von renommierten Autorinnen aller Springer-Verlags-marken.

Markus Jotzo

Führungs-NEULAND – Nicht betreten auf eigene Gefahr

Mit 11 Hacks Unternehmen und Teams führen

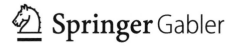

Markus Jotzo
Hamburg, Deutschland

ISSN 2197-6708   ISSN 2197-6716   (electronic)
essentials
ISBN 978-3-658-41096-4   ISBN 978-3-658-41097-1   (eBook)
https://doi.org/10.1007/978-3-658-41097-1

Die Deutsche Nationalbibliothek verzeichnet diese Publikation in der Deutschen Nationalbibliografie; detaillierte bibliografische Daten sind im Internet über http://dnb.d-nb.de abrufbar.

Planung/Lektorat: Stefanie Winter
Springer Gabler ist ein Imprint der eingetragenen Gesellschaft Springer Fachmedien Wiesbaden GmbH und ist ein Teil von Springer Nature.
Die Anschrift der Gesellschaft ist: Abraham-Lincoln-Str. 46, 65189 Wiesbaden, Germany

Was Sie in diesem *essential* finden können

- Wie Sie weit verbreitete, typische Führungsfehler vermeiden
- Wie Sie Zeit sparen durch Weglassen unnötiger Zeitfresser
- Wie Sie eine grundlegende Motivation in Ihrem Unternehmen und Team freilegen
- Wie Sie für Vertrauen und eine gesunde Fehlerkultur sorgen
- Wie Sie stetiges Lernen für Veränderungen sicherstellen

Für alle Führungskräfte, die den Mut und das Durchhaltevermögen haben, langfristig zu denken und zu handeln.

Vorwort

Liebe Führungskraft!
Liebe neugierige Mitarbeitenden!

Mit diesem Buch haben Sie verschiedene Optionen:

* Sie können das Buch lesen und sich ein oder zwei Details herauspicken, in Ihren Führungsstil integrieren und künftig besser führen.
* Sie können den einen oder anderen Umsetzungs-Hack in Ihrem Team anwenden, lernen und dadurch Ihr Team noch besser machen.
* Sie können aber auch die gesamte Umsetzungskraft der Kapitel auf Ihr Unternehmen bzw. Ihre Abteilung anwenden, gemeinsam mit Ihrem Team, Prozesse, Denk- und Arbeitsweisen hinterfragen und das gesamte Unternehmen oder Team auf ein höheres Level heben.

Es liegt bei Ihnen.

Die folgenden Kapitel sind für Geschäftsführinnen gleichermaßen geeignet wie für eine Teamleiterin, die gerade ihre Führungslaufbahn beginnt. Ich bin davon überzeugt, dass 9 von 10 Führungskräften augenöffnende Erlebnisse haben werden, wenn sie die sehr konkreten Umsetzungs-Hacks anwenden.

Ziel dieses Buches ist, Führung klarer und einfacher zu machen. Dieses Buch will Produktivität und Leistungsstärke. Das Buch befeuert Innovationskraft und Lust auf Leistung. Weil nach der Umsetzung dieser 11 Hacks eine Klarheit über den Sinn des täglichen Tuns existiert. Weil Mitarbeitende wissen, warum es sich lohnt, sich reinzuknien. Weil eine Arbeitsatmosphäre herrscht, in der Fehler dazugehören und Engagement und Risiko belohnt werden.

In meinen Führungskräfte-Trainings und Workshops treffe ich immer wieder auf Führungskräfte, denen teilweise die Werkzeuge und Denkweisen fehlen, die all dies möglich machen. Denn Führungskompetenz saugen wir nicht mit der Muttermilch auf. Es gilt, einige essenzielle Dinge zu erlernen, die Führungskräfte befähigen, das Unternehmen nachhaltig zu stärken.

Teilweise gibt es Glaubenssätze und Führungsansätze, die in unserer heutigen Zeit der Wissensgesellschaft veraltet sind. Sie lesen hier sehr konkret, was Sie tun können für Lust, Leidenschaft und Liebe zur täglichen Arbeit. Und für nachhaltige, langfristige Wettbewerbs- und Anpassungsfähigkeit an sich schnell verändernde Märkte.

Wenn Sie die Umsetzungs-Hacks der einzelnen Kapitel in Ihrem Unternehmen bzw. Team umsetzen, werden Sie sehr konkret erfahren, was in Ihrem Unternehmen gut läuft und was noch im Argen liegt.

Diese Praxis-Hacks schauen schonungslos hin. Wenn Sie mit diesen Praxis-Hacks unter den einen oder anderen Stein schauen, dann werden Sie in der Lage sein, Dinge systematisch zu verändern. Sie werden in der Lage sein, Ihr Unternehmen fit zu machen für schnelle Veränderungen. Sie werden ein Unternehmen gestalten, in dem die Mitarbeitenden engagiert die notwendigen Veränderungen anpacken und stolz machende Ergebnisse und Erfolge erzielen.

Ein Beispiel: Einer meiner Kunden verteilt jährlich einen Award für den besten Fehler des Jahres. Eine starke Fehlerkultur, oder? Bei der Anwendung des Umsetzungs-Hacks im Kapitel „Fehler mit Kultur" bescheinigten die Führungskräfte dennoch nur eine Fehlerkultur auf dem Niveau von 6,1 auf einer 10er Skala. Offensichtlich braucht es mehr als einen Award für den besten Fehler des Jahres, um eine sehr gute Fehlerkultur zu erschaffen. Die Erkenntnis und Idee meines Kunden sind schon sehr gut. Der Weg zu einer offenen Fehlerkultur ist jedoch lange nicht zu Ende gegangen, indem ein jährlicher Award verteilt wird.

Da Sie die Führungskraft sind, werden alle Erfolge und Fortschritte auf Ihr Konto einzahlen. Denn Sie sind verantwortlich dafür, dass es läuft. Nicht der Markt. Nicht die Mitbewerber. Oder das Wetter. Als Führungskraft sind Ihre Entscheidungen ausschlaggebend, ob sich die Mitarbeitenden zu 100 % engagieren oder ängstlich agieren und sich nur zu 80 % reinknien oder sogar noch weniger.

Das Gute: Führung ist inzwischen so gut erforscht, dass es konkrete Lösungsansätze gibt, die funktionieren. Es gibt sie, die Unternehmen, die Höchstleistungen, immense Wachstumszahlen und eine begeisternde Arbeitskultur erschaffen. Ist das Zufall, weil diese Unternehmen in der richtigen Branche zum richtigen Zeitpunkt angefangen haben? Mitnichten. Es liegt nur an einer Sache: der richtigen Führung. Führung, die Talente anlockt. Führung, die in der passenden Art und Weise herausfordert. Führung, die ein innovatives Umfeld erschafft, in dem sich Mitarbeitende echt gefordert fühlen und dies gern mit Leistung und Engagement beantworten.

Was wollen Sie?

Sind Sie bereit, das eine oder andere in Ihrem Denken zu hinterfragen?

Sind Sie bereit, Ihr Handeln auf den Prüfstand zu stellen?

Sind Sie bereit für Ihr nächstes Level?

Dann los. Die konkreten Tipps in diesem Buch warten nur darauf, von Ihnen angewendet zu werden!

Doch eins noch: Vielleicht sagen Sie sich bei dem einen oder anderen Punkt „Ja, das kenne ich doch schon." Die Frage ist aber nicht, ob Sie den einen oder anderen Tipp schon kennen oder nicht. Die Frage ist, ob Sie die Offenheit besitzen, bei den für Sie wichtigsten Themen den Lackmustest zu machen: Wenden Sie den ersten Umsetzungs-Hack aus dem jeweiligen Kapitel an, das Sie sich vorknöpfen möchten. Erst diese Ergebnisse werden das tatsächliche Niveau in Ihrem Unternehmen bzw. Team aufzeigen. Eine Idee zu kennen oder die Idee vollständig umzusetzen sind zwei völlig unterschiedliche Paar Schuhe. Und wenn Sie nach dem Umsetzungs-Hack sagen „Das dachte ich mir doch", dann können Sie konkret handeln. Weil Sie schwarz auf weiß sehen, wie der Status quo in Ihrem Unternehmen aussieht. Nun können Sie die Weichen stellen auf noch-mehr-Potenzial-freilegen und noch mehr Veränderungsfähigkeit und noch mehr Fortschritt und noch mehr Erfolg.

Und wenn Sie bei diesem Prozess Unterstützung benötigen, dann melden Sie sich gern bei mir. Diese Art von Unterstützung ist meine Berufung. Führungskräfte und Mitarbeitende befähigen, das volle Potenzial zu entfachen und von Mittelmäßigkeit zu sehr gut zu wandern oder von sehr gut zu exzellent.

Viel Erfolg für Sie und Ihr Team!

Ihr Markus Jotzo

Danksagung

Ein besonderer Dank gilt meiner geschätzte Kollegin Simone Korn. Mit Simone habe ich viel über die Inhalte dieses Buches diskutiert und konnte so die Inhalte weiterentwickeln.

Inhaltsverzeichnis

Über den Autor

 **Markus Jotzo** steht für Zielerreichung und Nachhaltigkeit. Als Autor, Trainer, Coach und Redner ist es sein stetes Bestreben Führungskräften praxistaugliche Werkzeuge an die Hand zu geben, die sowohl kurz- als auch mittel- und langfristig eine starke Wirkung haben.

Seine Werkzeuge sind unkonventionell. Führungskräfte schauen nach seinem Coaching schonungslos hin und schlagen mit diesen neuen Erkenntnissen sinnvolle, neue Wege ein.

Markus ist Autor, Blogger, Podcaster, Coach, Trainer und Redner für Unternehmer und Führungskräfte aller Ebenen. Sein Leadership Podcast heißt „Führen wie ein Löwe". Darin liefert Markus in knackigen 15 min pro Episode konkrete, täglich umsetzbare Führungs-Hacks.

Markus Jotzo war acht Jahre Führungskraft bei Unilever als Manager im Marketing und Vertrieb. Seit 2005 arbeitet er selbstständig und liebt seine herausfordernde Arbeit für Führungskräfte. In seinen Coachingprogrammen, Vorträgen und Führungskräftetrainings bringt er Geschäftsführinnen und andere Führungskräfte aufs nächste Level. Auf Deutsch und auf Englisch.

Sein Motto: „Entweder ich bin Teil der Lösung oder Teil des Problems. Es gibt nichts dazwischen."

Seine Homepage: www.markus-jotzo.com

Sein Kontakt: service@markus-jotzo.com

Kostenlose Video-Reihe „Neun tägliche Hacks für Führungskräfte": bit.ly/3xAB4Fm

Unternehmensführung

1.1 Sinn statt Anreize

Kinder puzzeln gern. Was passiert aber mit der Puzzellust der Kinder, wenn sie für das Puzzeln belohnt werden? Kurzfristig steigen ihr Fokus und ihr Puzzeleifer. Doch worauf bekommen sie tatsächlich Lust? Auf die Belohnung, nicht mehr aufs Puzzeln. In einer Studie hörten die Kinder sofort auf zu puzzeln, sobald Pause war und keine Belohnung mehr gezahlt wurde. Die Kinder in der Kontrollgruppe hingegen wollten nicht in die Pause gehen, weil das Puzzeln gerade so viel Spaß machte. Wenn Kinder fürs Malen belohnt werden, malen sie weniger und mit weniger Engagement als andere Kinder in einer Kontrollgruppe,

© Der/die Autor(en), exklusiv lizenziert an Springer Fachmedien Wiesbaden GmbH, ein Teil von Springer Nature 2023
M. Jotzo, *Führungs-NEULAND – Nicht betreten auf eigene Gefahr,* essentials,
https://doi.org/10.1007/978-3-658-41097-1_1

in der es keine Belohnung gibt. Dieser Effekt heißt Korrumpierungseffekt: Die extrinsische Motivation – die Belohnung – verdrängt die intrinsische Motivation. Die Kinder lernen: Die Aufgabe muss ja irgendwie anstrengend und unangenehm sein, wenn dafür eine Belohnung gezahlt wird. Und die Erwachsenen? Wenn wir Erwachsene dafür belohnen, dass sie aufhören zu rauchen, wirken sie zwar anfangs engagiert, aber sie sind signifikant weniger erfolgreich als die Erwachsenen in einer Kontrollgruppe. Programme, in denen Belohnungen zu besserer Paarkommunikation oder zum Abnehmen motivieren sollen, sind ähnlich erfolglos.

Wie können wir nun bewirken, dass Menschen – langfristig – motiviert und engagiert arbeiten?

„Ist doch klar, warum wir alle hier sind: Wachstum und Profitabilität. Und um das Wachstum zu beflügeln, zahlen wir Boni."

So denken viele
Denn wer viel arbeitet, möchte ja auch viel verdienen, oder?

Was brauchen Unternehmen heute?
Seit den 70er Jahren ist das nach Richard Easterlin benannte Easterlin-Paradox bekannt. In einer 25-jährigen Langzeitstudie fand er heraus, dass mehr Reichtum nicht zu mehr Lebenszufriedenheit führt. Wer Boni zahlt, geht davon aus, dass Menschen nicht motiviert arbeiten. Sie meinen, Motivation für Geld kaufen zu müssen und zu können. Ein folgenschwerer Irrtum. Denn durch den Korrumpierungseffekt erzielen Unternehmen nicht die gewünschte Wirkung.

Die intrinsische Motivation ist das, was uns erfüllt, uns glücklich macht und uns letztlich zu Höchstleistungen antreibt. Was braucht es, um eine solche intrinsische Motivation freizusetzen? Purpose! Ein Warum! Einen Sinn! Es braucht einen die Mitarbeitenden begeisternden Unternehmenssinn. *Wozu* leistet diese Organisation einen wertvollen Beitrag? Im nächsten Schritt ist der individuelle Beitrag des Einzelnen zum Team- oder Unternehmenserfolg zu definieren. Und warum diese Aufgabe einem Mitarbeitenden persönlich Spaß macht. Das schafft Identifikation. Dann brennen Mitarbeitende für ihren Job und vollbringen Höchstleistungen. Nichts ist so stark wie eine gemeinsam verfolgte Sinn- und Zielrichtung.

Umsetzungs-Hack

Fragen Sie doch Mal zufällig auf dem Gang fünf Mitarbeitende nach dem Sinn ihres Unternehmens. Erhalten Sie von allen dieselbe Antwort? Kommt die Antwort wie aus der Pistole geschossen mit Selbstverständlichkeit? Oder sind sich die Mitarbeitenden gar nicht so sicher? Wenn Sie eine Antwort erhalten, hören Sie am Unterton der Stimme, dass die Menschen daran glauben, sich damit identifizieren oder gar dafür begeistern? Und schließlich stellen Sie noch die Frage, welchen Beitrag der jeweilige Mitarbeitende mit seiner Arbeit zum Unternehmenssinn beiträgt. Herrscht hier bei Ihren Mitarbeitenden Klarheit? Nehmen Sie bei den Antworten eine emotionale Identifikation Ihrer Mitarbeitenden mit dem Unternehmenssinn wahr? Oder sind die Antworten rein faktenbasiert? Lassen Sie sich überraschen von den Antworten Ihrer Mitarbeitenden. Ich habe eine Vermutung, wie die Antworten aussehen werden...

Kurz & bündig

- Sinn und Klarheit über den eigenen Beitrag zur Erfüllung des Unternehmenssinns ergeben den höchsten leidenschaftlichen Einsatz und die stärkste intrinsische Motivation. Die Mitarbeitenden finden eine tiefe Erfüllung in ihrer Arbeit.
- Überzeugungstäter sind immer stärker als Mit-Karotte-vor-der-Nase-Geführte.
- Ein attraktiver Unternehmenssinn zieht Talente an wie ein Magnet.

Der positive Effekt …

- Hohe Identifikation der Mitarbeitenden mit dem Unternehmen
- Lust, sich mit Hirn, Hand und Herz einzubringen
- Hohe Mitarbeiterbindung
- Anreizmodelle – wie Boni – sind überflüssig

Beispiel

In 2012 war Best Buy in Schieflage geraten: 1,7 Mio. US$ Verlust und der zunehmende Druck des Online-Handels machte dem Unternehmen zu schaffen. Wirklich keine einfache Aufgabe, die Hubert Joly da erwartete. Neben etlichen Änderungen ist der wahrscheinlich entscheidendste und bahnbrechendste Ansatz, wie er mit den Mitarbeitenden umging. Sein Vorgänger kürzte den Mitarbeiterrabatt, Joly setzte oberste Priorität darauf, Sinn zu stiften. Es sei kurz erwähnt, dass der Aktienkurs von Best Buy bis 2019 um 330 % von 20 $ auf ca. 68 $ anstieg – der S&P500 stieg in dieser Zeit um 111 % – und mit Ende Mai 2019 hat der 125.000 Mitarbeitenden große Electronic Retailer 3 % Nettogewinn zu verzeichnen. Er ermutigte die Storemanager, die Suche nach dem Sinn jedes einzelnen Mitarbeitenden mit dem Unternehmenssinn zu koppeln. Joly beschreibt in einem Artikel in HEC Stories im Juli 2019 sinngemäß: „Ich beobachtete einen meiner Manager, wie er seine Mitarbeitenden ermutigte, ihre Träume mit ihm zu teilen. Einer meinte, er möchte ein Haus für seine Familie bauen. Der Manager sagte ihm, dass sie zusammen daran arbeiten wollen, seine Fähigkeiten auszubauen, sodass er aufsteigen könne in der Firma und damit seinen Traum Realität werden lassen könne. An dieser Stelle muss ich wohl kein Wort mehr zu der entstehenden Motivation und Mitarbeiterbindung verlieren." ◄

Das Ergebnis seiner sinn-stiftenden Führung lässt sich hier in Form von Testimonials nachlesen: https://corporate.bestbuy.com/10-best-buy-employee-stories-that-warmed-our-hearts-in-2019/Diese Wirkung ist mit keinem Bonussystem der Welt zu erreichen! Dieser Satz wird in der Eile gern überlesen, daher noch einmal, weil er so immens wichtig ist: Dieser Effekt ist mit keinem Bonussystem der Welt zu erreichen!

Umsetzung in die Praxis: Den tieferen Sinn definieren
Warum?
Ohne Grund macht niemand etwas. Schon gar nicht mit Leidenschaft.

Ist der Sinn Ihres Unternehmens „Kartons produzieren" oder „die Kundschaft ruhig schlafen zu lassen, weil die zerbrechlichen Güter mit Sicherheit heil am Zielort ankommen"?

Ist der Sinn Ihres Unternehmens „Uhren zu verkaufen" oder „Menschen beim Blick auf die Uhr stolz zu machen, weil sie das Erbstück für ihr Kind am Arm tragen"?

Ist der Sinn Ihres Unternehmens „Hemden sauber zu machen" oder „Menschen zu ermöglichen, sich ohne Aufwand gepflegt und sauber zu kleiden"?

Die reinen Fakten Ihrer Leistungserstellung motivieren keine Mitarbeitenden und geben der täglichen Arbeit wenig Sinn. Wenn aber der emotionale Nutzen, der Purpose, das Warum klar ist, dann beginnen die zu ihnen passenden Menschen sich mit Ihrem Unternehmen zu identifizieren.

Was?
Definieren Sie den emotionalen Nutzen für Ihre Kundschaft, was ist Ihr Unternehmenszweck? Wenn Sie dies definieren, haben Sie eine große Motivations- und Identifikationschance Ihrer derzeitigen und zukünftigen Mitarbeitenden gehoben.

Wie?
Eine Arbeitsgruppe aus Mitarbeitenden und Führungskräften in gleicher Anzahl bilden.

Als Vorbereitung recherchiert jeder Teilnehmende für 30 min Online: Was ist die Mission, der tiefere Sinn, die Vision von Unternehmen in den verschiedensten Branchen. Die Teilnehmenden stellen nacheinander ihre Erkenntnisse am Beginn des Kick-off-Workshops für 60–120 s vor.

Auf dieser Basis erarbeiten sie in einem Workshop ihren emotionalen Unternehmenszweck. Lassen Sie diesen Prozess moderieren, damit sie zielorientiert diskutieren.

Das Ergebnis: Eine Positionierung, die nun Stück für Stück in die Köpfe der Mitarbeitenden getragen und verankert wird. So entsteht Identifikation der Mitarbeitenden mit einem tieferen Sinn. Das weckt Engagement und die Lust, einen Beitrag zum Unternehmenserfolg zu leisten. Ohne Boni.

Selbstreflexion

Das ist mein Key-Learning dieses Abschnitts, das möchte ich mir merken:

....

....

....

Das machen wir aus meiner Sicht schon gut, dafür bin ich dankbar:

....

....

....

Perspektivwechsel: So sehen das vermutlich meine Mitarbeitenden...

....

....

....

Bei genau diesem Aspekt des Themas „*Sinn statt Anreize*" sehe ich Veränderungspotenzial in meinem Unternehmen/Team:

....

....

....

Das möchte ich konkret in den nächsten zwei Wochen anders machen/aus-
probieren:

....

....

....

Nach den zwei Wochen:
Diese Erfolge konnte ich erzielen:

....

....

....

Hier ist noch mehr zu tun:

....

....

....

1.2 Unternehmens-Werte

Eine Hamburger Werbeagentur hat ihre fünf Kernwerte definiert. „Vertrauen" ist einer dieser Kernwerte. Doch wenn Mitarbeitende dieser Agentur ihre Führungskräfte dazu befragen, die immer wieder viele Details kontrollieren, lautet die Antwort der Führungskräfte: „Mein Vertrauen musst Du Dir erst noch erarbeiten." Natürlich darf jede Führungskraft kontrollieren bzw. feststellen, wie gut Mitarbeitende wirklich sind. Doch Vertrauen heißt, Mitarbeitenden im Rahmen ihrer Kompetenzen und Fähigkeiten Freiraum zuzusprechen. Es ist daher wenig verwunderlich, wenn in dieser Werbeagentur die Fluktuation in einigen Teams bei 30 % pro Jahr liegt.

„Klar haben wir auch Werte definiert. Die hängen in jedem Meeting-Raum und stehen im Intranet."

So denken viele
Die visuelle Präsenz der Werte ist sehr gut. Denn Werte können Orientierung geben – auf allen Hierarchieebenen.

Was brauchen Unternehmen heute?
Entscheidend ist bei Werten jedoch, ob sie tatsächlich gelebt werden. Entsprechen die Werte wirklich der DNA des Unternehmens? Maskerade hilft nicht. Nur wenn die Unternehmenswerte auch den gelebten Werten des Topmanagements entsprechen, werden diese Früchte tragen. Dann geben die Werte bei der täglichen Arbeit Mitarbeitenden und Führungskräften Orientierung und werden bei der Art und Weise der Zusammenarbeit, der täglichen Kommunikation und bei Entscheidungen bewusst oder unbewusst herangezogen.

Sind die Unternehmenswerte bei allen Mitarbeitenden bekannt, ist das eine gute Basis. Diese nun aber auch in das tägliche Tun zu integrieren, als Führungsinstrument zu nutzen, ist disziplinierte Arbeit. Weiß jeder Mitarbeitende, was die Unternehmenswerte für die persönliche Arbeit bedeuten? Dann, und nur dann machen Unternehmenswerte Sinn und bieten einen wirklichen Mehrwert in der Unternehmensführung. Mit dieser Relevanz der Werte im täglichen Arbeiten eines jeden Mitarbeitenden, geben Sie Orientierung. Und erst dann haben Sie Ihren Job bezüglich der Unternehmenswerte gemacht. Sie führen über Werte – Regeln und Kontrollsysteme werden immer mehr überflüssig. Gelebte Werte bauen auf Vertrauen und Verantwortung.

Ein Beispiel aus der Kindererziehung: Meine Eltern wollten immer das Beste für mich und meine drei Geschwister. Sie wollten für uns Kinder, dass wir die Grundregeln des Lebens verstehen und leben. Sie wollten uns sehr gut erziehen. Aber wenn jemand von uns etwas ausgefressen hatte – und das geschah nicht selten – dann gab's ordentlich einen auf den Deckel. Manchmal viel zu hart. In meinen beiden Reden bei Gedankentanken bzw. Greator findest Du, liebe Leserin, einige Anekdoten davon. Weil ich mal in der Schule einen Bock geschossen hatte – trotz einem 1,7er Abi kam das vor – bin ich aus Furcht vor dem üblichen Donnerwetter mehrmals vormittags während der Schulzeit nach Hause geradelt, um den Brief der Schule abzufangen. Naja, hat nicht funktioniert, das Donnerwetter hatte sich gewaschen. Hatte ich es verdient? Ja, schon. Aber so hart? Ich finde nicht. Und für's Protokoll: Ich liebe meinen Vater noch heute. Nicht für manches Wort, welches er verloren hat. Aber für viele, viele andere Dinge.

Wie sieht das in der Unternehmens-Praxis aus?

Zappos ist einer der größten amerikanischen Online Schuh- und Modeartikel-Händler. Im Alltag zeigt sich der Wert „create WOW through service", wie er bei Zappos gelebt wird, z. B. dadurch, dass ein Servicemitarbeiter für einen Kunden am Telefon mal eben recherchiert, wo in seiner Nähe die nächste Pizzeria ist. Ein anderer Mitarbeiter telefoniert mit einer Kundin über fünf Stunden, weil die Kundin jemanden an ihrer Seite haben wollte bei der Auswahl der besten Schuhe. Die Zeit pro Kundentelefonat wird bei Zappos nicht kontrolliert und es gibt auch keine Vorgabe. Die Mitarbeitenden im Kundenservice entwickeln häufig eine persönliche, emotionale Beziehung zu ihren Kunden und können dabei frei gestalten. Eine Mitarbeiterin entschied sich dafür, einer Kundin Blumen zu schicken, als sie erfuhr, dass ein naher Verwandter verstorben war. So gelingen echte Service-Wow-Effekte. Und die Kundentreue wächst und wächst und wächst.

Gäbe es eine kontrollierbare Regel, z. B. für die maximale Länge der Telefonate, um die Kosten gering zu halten, wären solche Service-Wow-Effekte schwer möglich. Ein Teilen von Best Practices, wie die o.g. Beispiele hingegen, lässt Mitarbeitende stolz erzählen und inspiriert andere, erfolgreiches Verhalten nachzuahmen.

Umsetzungs-Hack
Fragen Sie fünf Mitarbeitende spontan auf dem Gang nach den Werten des Unternehmens. Und fragen Sie anschließend, wie diese Werte ihr tägliches Handeln beeinflussen. Wenn nicht wenigstens vier der fünf Befragten das gut erklären können, werden Ihre Werte vermutlich nicht gelebt.

Kurz & bündig
- Jedes Unternehmen hat Werte, hat eine Kultur mit Denk- und Verhaltensweisen, die täglich gelebt werden. Stellt sich die Frage, ob dies deckungsgleich ist mit den offiziellen Werten des Unternehmens, die bei Ihnen an der Wand hängen.
- Entscheidungen, die den Werten folgen, sind für alle transparenter und leichter nachvollziehbar.
- Werte sind Handlungsprinzipien. Sie geben Orientierung bei der täglichen (Zusammen-)Arbeit.
- Mitarbeitende können Entscheidung treffen, ohne immer wieder auf Freigaben von oben warten zu müssen.

Der positive Effekt …
- Mehr Geschwindigkeit durch Entscheidungen auf unteren Ebenen.
- Zugehörigkeitsgefühl und Identifikation der Mitarbeitenden mit dem Unternehmen.
- Selbst Entscheidungen zu treffen, macht Spaß, stolz und sexy.

Beispiel

Die Hotelkette Upstalsboom hat in einem umfangreichen Prozess, getragen von Mitarbeitenden und Führungskräften, ein Wertesystem von 12 Werten erarbeitet. Das Ergebnis konnte sich sehen lassen. Doch die Enttäuschung folgte zeitnah: Täglich gelebt wurden die neuen Werte trotz dieses Prozesses nämlich nicht. ◄

Erst als sich jedes Team für 6 Monate einen Unternehmenswert vorgeknöpft hatte und in jedem Team-Meeting die Bedeutung für die tägliche Arbeit mit Beispielen thematisiert hatte, haben die Werte eine Bedeutung erlangt und das tägliche Miteinander maßgeblich positiv beeinflusst.

So hat sich ein Team den Wert „Wertschätzung" für 6 Monate vorgenommen. Vor jedem Team-Meeting bilden sich dreiköpfige Unterteams, die sich für das Verhalten seit dem letzten Team-Meeting positive Rückmeldungen geben. Das durften die Teammitglieder erst einmal Stück für Stück lernen. Doch nach einigen Wochen lernten die Menschen, was Wertschätzung im täglichen Miteinander wirklich bedeutet. Und wie gut sie tut. Regelmäßige Wertschätzung der anderen ging nach und nach in eine Routine über, und nun möchte sie niemand mehr missen.

Umsetzung in der Praxis
Warum?
Werte bewusst zu leben, geschieht nicht über Nacht, sondern nur durch regelmäßiges Üben. Also braucht es systematisches und bewusstes Üben und Trainieren der Werte. Manches Verhalten darf sich dabei Stück für Stück entwickeln. Anderes Verhalten wird durch diesen Prozess nur noch bewusster.

Was?
Wie bei Upstahlsboom wählt jedes Team einen Wert für sechs Monate, reflektiert und trainiert diesen Wert jede Woche. Die Art und Weise bestimmt das Team selbst.

Wie?
1. Pro Team einen Wert für die nächsten sechs Monate auswählen.
2. Wöchentliche Aktivitäten definieren, die sich in wenigen Minuten umsetzen lassen.
3. Monatlich posten die Mitarbeitenden ihre Gedanken zu den Ergebnissen und Konsequenzen dieses Prozesses zentral auf Moderationskarten. Das darf auch mal kritisch sein. Dann braucht es ein Gespräch und eine Lösung für diese kritischen Gedanken.

Das Ergebnis: Omnipräsenz der Unternehmensperspektive/-werte und tiefere Verwurzlung im täglichen Handeln.

Selbstreflexion

Das ist mein Key-Learning dieses Abschnitts, das möchte ich mir merken:

....

....

....

Das machen wir aus meiner Sicht schon gut, dafür bin ich dankbar:

....

....

....

Perspektivwechsel: So sehen das vermutlich meine Mitarbeitenden...

....

....

....

Bei genau diesem Aspekt des Themas „*Unternehmens-Werte*" sehe ich Veränderungspotenzial in meinem Unternehmen/Team:

....

....

....

Das möchte ich konkret in den nächsten zwei Wochen anders machen/ausprobieren:

....

....

....

Nach den zwei Wochen:
Diese Erfolge konnte ich erzielen:

....

....

....

Hier ist noch mehr zu tun:

....

....

....

1.3   Mit Umsatzzahlen in den Tod

„Das iPhone ist ein ernstzunehmendes Konkurrenzprodukt. Aber ich bin mir sicher, dass wir der Marktführer bleiben", das sagte Nokia-Sprecher Kari Tuuti bei der Vorstellung des iPhones. Der damalige vierzigprozentige Weltmarktanteil ist heute dahin.

Als Marktführer innovativ zu bleiben, ist eine Herausforderung. In komplett neue Richtungen zu denken, fällt schwer. An einer alten Technologie festzuhalten, wenn die neue Technologie bereits auf dem Markt ist, ist allerdings fahrlässig.

Bei Kodak war es anders. Ein Ingenieur bei Kodak selbst erfand 1975 die Digitalfotographie. Kodak erkannte aber nicht die langfristigen Vorteile und blieb der alten Technologie treu. Weil das Traditionsunternehmen sein Stammgeschäft nicht gefährden wollte, entwickelte es die Technologie nur zögerlich. Den Markt der Digitalfotographie eroberten dann andere, Kodak ging den Bach hinunter.

„Mein Erfolg wird an Umsatzzahlen und am EBIT gemessen – ganz einfach."

So denken viele

Eine Unternehmung ist erfolgreich, wenn sie auch entsprechende Kapitalflüsse generiert. Das ist nun mal der Kern der Wirtschaft und des Kapitalismus.

Was brauchen Unternehmen heute?

Allerdings sagen die Umsatzzahlen von heute nicht viel über Wirtschaftlichkeit und Erfolg von morgen aus. Bei den rasanten Marktveränderungen, kann ein Unternehmen auch schnell wieder vom Markt gefegt werden, egal wie lange es schon erfolgreich war. Langfristig erfolgreich ist nur, wer ein dynamikrobustes Unternehmen baut, das zielgerichtet, flexibel und relevant den Markt bedient. Dafür sind – neben den Fassaden-Metriken Umsatz und Gewinn – weitere KPIs notwendig, wie z. B. Time to Market, Anzahl Produktlaunches, Anteil der Innovationen der letzten vier Jahre am Gesamtumsatz, Employer Net Promoter Score, Change- und Lerngeschwindigkeit eines Unternehmens.

Der Schlüssel für eine kontinuierliche Verbesserung Ihrer KPIs sind Führungsstil und Organisationsstruktur Ihres Unternehmens.

Umsetzungs-Hack
Die Veränderungen in unserer Welt werden nie wieder langsamer. Eher schneller. Ist Ihr Unternehmen in der Lage, sich schnell selbst neu zu erfinden? Gelingt es Ihnen, mit Ihrer Mannschaft flexibel neue Marktopportunitäten zu heben? Überprüfen Sie doch mal mit allen Angestellten in Ihrem Unternehmen anonym, z. B. über Mentimeter.com, die Zustimmung zu dieser Aussage:

„Veränderungen sind unser tägliches Brot, wir sind offen für Veränderung und wir sind gut darin. Wir ziehen alle an einem Strang in Richtung „Immer-wieder-hinterfragen", Lernen und Erneuerung." Skala 1–10. 10 = höchste Zustimmung. Fragen Sie außerdem: Was ist schon gut? Was fehlt zu einer 10?

Was lernen Sie? Wie schnell und dynamikrobust ist Ihr Unternehmen in der Selbstwahrnehmung der Mitarbeitenden? Wenn Sie im Durchschnitt kein Ergebnis über 8 erhalten, dann hat Ihr Unternehmen Lernbedarf. Gehen Sie in die Analyse der Daten. Einigen Sie sich auf konkrete Maßnahmen. Überprüfen Sie Fortschritt und Umsetzung einmal pro Quartal.

Kurz & bündig

- Umsatz oder Gewinn von heute sagen wenig über die Zukunftsfähigkeit eines Unternehmens aus.
- Andere KPIs sagen, ob ein Unternehmen dynamikrobust ist.
- Deshalb sind Umsatz und Gewinn kein Indikator für den zukünftigen Erfolg eines Unternehmens.

Der positive Effekt …
Nicht nur heute, sondern auch in Zukunft erfolgreich.

Beispiel

Umsatzzahlen bzw. die Tatsache, dass ein Unternehmen profitabel am Markt agiert, ist die Basis, die Überlebensgrundlage. Wäre dies für FAVI allerdings das einzige Ziel gewesen, wäre das Unternehmen sicher wie alle ihre Mitbewerber längst nach China gegangen. FAVI, eine Messinggießerei im Norden Frankreichs, die unter anderem Getriebegabeln für die Automobilindustrie produziert, hat sich in den 80er Jahren von einem traditionell geführten Unternehmen mit vielen Hierarchiestufen hin zu einer Netzorganisation umstrukturiert. Durch diese andere Art der Organisation und der Führung sticht das Unternehmen seine „günstigere" Konkurrenz aus und hält nach wie vor einen Marktanteil von 50 %. Welches sind nun die Kernzahlen, die FAVI ausmachen, und damit einen echten Wettbewerbsvorteil verschaffen? Neben der gelieferten Qualität ist die Pünktlichkeit der Lieferungen legendär. Innerhalb von 25 Jahren ist nicht eine Bestellung zu spät verschickt worden. Der

Umsatz ist lediglich die Folge daraus. Und die Gewinnmargen von FAVI sind so hoch, dass – trotz der Konkurrenz aus China – die Mitarbeitenden aufgrund ihrer Unternehmensbeteiligung meist 16 oder 17 Monatsgehälter bekommen. Kaum verwunderlich, dass die Mitarbeiterfluktuation gegen Null geht. Wissen Sie, wie viel Geld Sie an Einarbeitungskosten dadurch sparen würden? Kostenersparnis an erste Stelle zu stellen, ist daher offensichtlich nicht der Weisheit letzter Schluss. ◄

Umsetzung in der Praxis: Kennzahlen analysieren, die mehr sagen als nur Umsatz
Warum?
Sie wollen die Weichen stellen für die Zukunft. Umsatz und Gewinn sagen nur etwas aus über heute, nicht aber über die Chancen, die ein Unternehmen morgen hat.

Was?
Kennzahl 1:
Wie viel Umsatz machen in Ihrem Unternehmen Produkte, die erst seit vier Jahren oder kürzer auf dem Markt sind? Vergleichen Sie diese Innovationsrate mit der Innovationsrate Ihrer Mitbewerber. Nutzen Sie dazu Geschäftsberichte Ihrer Mitbewerber und Marktforschungsdaten. Was stellen Sie fest?

Kennzahl 2:
Die Lead Time von Produktneueinführungen unterscheidet sich von Branche zu Branche und ist in der Regel umso länger, je bahnbrechender eine Innovation ist. Vergleichen Sie Ihre Lead Time mit Zahlen aus Ihrer Branche. Was stellen Sie fest?

Kennzahl 3:
Wie ist Ihr Employer Net Promoter Score? Vergleichen Sie diesen Wert mit anderen Unternehmen? Wie zufrieden sind Sie?

Wie?
Zunächst sorgfältig analysieren, dann kritisch betrachten und schließlich Rückschlüsse ziehen und Veränderungen in die Wege leiten. Seien Sie nicht wie Nokia oder Kodak. Treffen Sie eine kluge, langfristig wirkende Entscheidung.

Das Ergebnis:
Ihre Zukunftsfähigkeit und mithin das Überleben Ihres Unternehmens.

Selbstreflexion

Das ist mein Key-Learning dieses Abschnitts, das möchte ich mir merken:

....

....

....

Das machen wir aus meiner Sicht schon gut, dafür bin ich dankbar:

....

....

....

Perspektivwechsel: So sehen das vermutlich meine Mitarbeitenden...

....

....

....

Bei genau diesem Aspekt des Themas *„Mit Umsatzzahlen in den Tod"* sehe ich Veränderungspotenzial in meinem Unternehmen/Team:

....

....

....

Das möchte ich konkret in den nächsten zwei Wochen anders machen/ausprobieren:

....

....

....

Nach den zwei Wochen:
Diese Erfolge konnte ich erzielen:

....

....

....

Hier ist noch mehr zu tun:

....

....

....

1.4 Silos: Fort Knox der Unternehmen

Nach einer Studie von Accenture aus dem Jahr 2020 gehen dreiviertel aller Führungskräfte in der DACH-Region davon aus, dass die verschiedenen Abteilungen bei der Digitalisierung eines Unternehmens eher konkurrieren als zusammenarbeiten. Gewinn und Umsatz wuchsen bei Unternehmen, deren Abteilungen zusammenarbeiteten, um mehr als 10 % stärker als bei denen, die das nicht taten.

Herrscht Silo-Denke, wird nicht an einem Strang gezogen, um gemeinsame Unternehmensziele zu erreichen. Silo-Denke ist eine Win-Lose-Mentalität. Jede Abteilung ist sich selbst die nächste. Wenn zum Beispiel eine Innovation nur dem Grips einer Abteilung entspringt, dann ist ein Scheitern fast vorprogrammiert. Diejenigen, die die Tore schießen, sind im Unternehmen genauso wichtig wie diejenigen, die hinten verteidigen oder die Stürmer in einer Schussposition anspielen. Eine Mannschaft gewinnt und verliert zusammen. Genauso ist es auch im Unternehmen.

„Marketing gegen Vertrieb. Produktion gegen Logistik. IT gegen alle. Silo-Denke ist doch normal und gehört dazu. Reibung und Konflikte bringen uns schließlich zur bestmöglichen Lösung!"

So denken viele
Der Vertrieb will immer lieferfähig sein, um schnell Umsatz zu machen. Die Logistik will einen möglichst geringen Lagerbestand, um Fixkosten gering zu halten. Und die Produktion will in möglichst großen Losgrößen produzieren, um unproduktive Umrüstzeiten zu verringern. Unterschiedliche Ziele, unterschiedliche Interessen – und die Zusammenarbeit leidet.

Was brauchen Unternehmen heute?
Besteht ein offener Austausch über Perspektiven, individuelle Teilziele und Vorgehensweisen, können auch gemeinsam Entscheidungen getroffen werden. Konflikte entstehen meist, weil die Beteiligten die Beweggründe der anderen nicht kennen und Entscheidungen ausschließlich aus der eigenen Perspektive getroffen werden. Es kochen dann immer wieder die gleichen Themen hoch. Die Lösung: Reden! Und zwar schon bevor ein Problem auftritt.

Umsetzungs-Hack
„Was kann ich tun, damit wir künftig (noch) besser zusammenarbeiten?"
    Diese Frage stellt jede Führungskraft einmal im Monat einer seiner vier wichtigsten Führungskolleginnen aus anderen Abteilungen in einem 30-minütigen Gespräch. So entsteht Stück für Stück eine Atmosphäre der Kooperation und des offenen Austauschs. Jede Führungskraft führt also ein solches Gespräch mit jedem dieser wichtigen Peers drei Mal pro Jahr. Die Mitarbeitenden tun das gleiche mit ihresgleichen aus den Nachbarabteilungen.

Diese Übung erscheint Ihnen nicht neu? Ist sie aber. Denn es geht darum, ein *echtes* Interesse, zu kooperieren, in sich zu tragen, an einem Strang zu ziehen zum Wohl des Unternehmens, nicht zum Wohl der eigenen Macht, Karriere oder anderer Vorteile. Diese innere Haltung erkennen Sie bereits am Klang der Stimme und einem echten, aufrichtigen und neugierigem Zuhören und Nachfragen. Sie sollen nicht 11 Freunde sein, aber sie sollen zu 100 % für dieselbe Mannschaft spielen.

Noch intensiver und umsetzungsstärker ist diese Ergänzung: Einmal im Monat berichtet jeder Mitarbeitende und die Führungskraft im Team-meeting in 60 s pro Person über einen persönlichen Lernpunkt aus diesem Monats-Gespräch.

Schaffen Führungskräfte diese Kultur des Miteinanders über die Abteilungsgrenzen hinaus, in dem offene, regelmäßige Kommunikation über unterschiedliche Sichtweisen und Ziele gelebt wird, ziehen alle an einem Strang.

Kurz & bündig

- Konflikte zwischen den Silos kosten Zeit, Nerven, Motivation, Lust, Kreativität, Mitarbeiterbindung, Geschwindigkeit, Profitabilität und Wettbewerbsfähigkeit.
- Gegeneinander arbeitende Silos kosten außerdem Geld. Leider werden diese Kosten nicht in der Buchhaltung aufgeführt. Aber sie lähmen Mitarbeitende und das gesamte Unternehmen.
- Zusammenarbeit bringt Freude, Kreativität, engagierte Mitarbeitende und letztendlich zufriedene Kunden.

Der positive Effekt …

- Kein Fingerpointing mehr.
- Keine Suche nach Schuldigen.
- Gemeinsame Entscheidungen auf ein gemeinsames Ziel hin.
- Kultur eines regelmäßigen, schnellen Austauschs.

Beispiel

Bei alsafe JUNGFALK gibt es ein ungeschriebenes Gesetz: 1. Nicht intern telefonieren 2. Keine Push-Forward- Mails verschicken. Natürlich werden E-Mails geschrieben. Aber nur, wenn sie Informationen beinhalten, die eine andere Person benötigt, nicht um nur Aufgaben weiterzugeben. Das persönliche Gespräch hat bei alsafe einen hohen Stellenwert, denn nur so können über die Abteilungsgrenzen hinweg schnelle Lösungen gefunden werden. Jour Fixe und andere Regeltermine gibt es nicht. Wofür auch? Wenn Gespräche ad hoc und nach Bedarf stattfinden, ist alles erledigt und auf Regeltermine zur Abstimmung kann verzichtet werden. Die Brüder Detlef und Ulrich Lohmann beschreiben eine typische Situation, die bei alsafe allerdings ganz anders als in vielen Unternehmen gehandhabt wird. Und das mit Erfolg und der Begeisterung der Mitarbeitenden. Einer der Vertriebsmitarbeiter ist schon seit längerem mit einem potenziellen neuen Kunden im Gespräch. Plötzlich bestellt dieser tatsächlich. Allerdings benötigt er die Ware bis zum nächsten Morgen um 9 Uhr. Der Mitarbeiter läuft sofort zu der für die Disposition zuständigen Kollegin, erzählt begeistert die verrückte Geschichte. Zusammen gehen beide direkt in die Produktion. Nach etwas hin- und herüberlegen und -schieben, verabreden sich die Kollegen in der Produktion heute 15 min länger zu bleiben und gemeinsam den neuen Kunden glücklich zu machen und letztendlich zu gewinnen. Das Ganze dauert keine 15 min und der Vertriebsmitarbeiter kann den Auftrag dem neuen Kunden zusagen. Wie läuft so etwas in Ihrem Unternehmen? ◄

Umsetzung in der Praxis: **Miteinander reden, kennenlernen und gegenseitig verstehen**

Warum?
Egozentrismus, Silo-Denke und Nicht-Kommunikation reduziert Zusammenarbeit. Aber nur gemeinsam können Unternehmen heute die komplexen Herausforderungen meistern. Eine Abteilung allein kann das nicht schaffen.

Was?
Ideal für das bessere Verständnis der Abteilungen und Mitarbeitenden im Unternehmen wäre, wenn Sie mit Job-Rotation den Austausch förderten. Doch es gibt zwei einfachere Wege, die weniger Zeit und Einarbeitung erfordern:

Wie?
Hack 1:
Entscheidend für Kooperation über Abteilungsgrenzen hinweg ist das gegenseitige Verständnis. Verständnis anderer Personen, Positionen und Perspektiven entsteht durch Zuhören und Miteinanderreden. Wenn sich Menschen besser kennen, funktioniert das Verstehen in beide Richtungen besser. Wie können Sie das auf einfache, unkomplizierte Weise fördern? Gehen Sie einmal im Monat mit

einer Kollegin oder einem Kollegen aus dem anderen Bereich zum gemeinsamen Mittagessen. Das kann ein Snack sein beim Bäcker, im Restaurant oder in der Kantine. Entscheidend ist, dass Sie miteinander reden. Über Privates, Hobbys, die Familie oder die Firma oder die eigene Abteilung. Je besser Sie die andere Person kennen, desto besser wird Ihnen auch die Zusammenarbeit im Unternehmen gelingen. Deshalb nutzen Sie einmal pro Monat solch ein Mittagessen zum besseren Kennenlernen. Und schlingen Sie Ihr Essen nicht hinunter. Nehmen Sie sich für diesen Mittagstermin 60 min Zeit.

Hack 2:
Nehmen Sie zwei Mal pro Jahr am Team-Meeting anderer Abteilungen teil. Wählen Sie dabei ein Meeting, in dem es auch um die Zusammenarbeit mit Ihrem Bereich geht. Wenn Sie die Sorgen und Nöte der Nachbarabteilung besser verstehen, können Sie die Kollegen der Abteilung auch besser verstehen, wenn es um Ihre Zusammenarbeit geht.

Und klar, diese beiden Hacks gelten nicht nur für die Führungskräfte, sondern für jeden Mitarbeitenden im Unternehmen. Stück für Stück kreieren Sie so auf einfache Weise eine bessere Art und Weise der Zusammenarbeit.

Das Ergebnis:
Gegenseitiges Verständnis und an einem Strang ziehen.

Selbstreflexion

Das ist mein Key-Learning dieses Abschnitts, das möchte ich mir merken:

....

....

....

Das machen wir aus meiner Sicht schon gut, dafür bin ich dankbar:

....

....

....

Perspektivwechsel: So sehen das vermutlich meine Mitarbeitenden...

....

....

....

Bei genau diesem Aspekt des Themas „*Silos: Fort Knox der Unternehmen*" sehe ich Veränderungspotenzial in meinem Unternehmen/Team:

....

....

....

Das möchte ich konkret in den nächsten zwei Wochen anders machen/ausprobieren:

....

....

....

Nach den zwei Wochen:
Diese Erfolge konnte ich erzielen:

....

....

....

Hier ist noch mehr zu tun:

....

....

....

1.5   Diversität und das A-Team

Je diverser, desto erfolgreicher! Dieser Zusammenhang hat sich laut einer internationalen McKinsey-Analyse jüngst noch verstärkt. Die neuen Daten bekräftigen, dass Inklusion und Diversität ein wichtiger Faktor für den Geschäftserfolg sind.

„Entscheidend ist es, dass im Top-Management möglichst verschiedene Stimmen gehört und unerwartete Fragen gestellt werden – deshalb reicht es nicht, eine Quotenfrau zu benennen und das Thema Diversität dann abzuhaken," so McKinsey Partnerin Julia Sperling. „Diversität schafft keine Harmonie, sondern erfordert Energie. Es ist deutlich einfacher, Entscheidungen in einer homogenen Gruppe zu treffen, in der ohnehin alle einer Meinung sind. Aber unsere Studie beweist eindeutig: Die Mühe lohnt sich."

„Natürlich integrieren wir Mitarbeitende aus verschiedenen Altersgruppen und Kulturen. Das ist doch selbstverständlich. Zu viel Unterschiedlichkeit führt allerdings nur zu Spannungen im Team."

So denken viele
Und zu viel Spannungen im Team kosten Zeit, Energie und Geld, nicht wahr?

Was brauchen Unternehmen heute?

Um neue Ideen zu entwickeln, braucht es heute genau diese Buntheit. Für alles andere haben wir Computer. Wenn Menschen mit unterschiedlichen Fähigkeiten und Denkweisen zusammenkommen und kreativ zusammenarbeiten, entstehen die besten Lösungen. Das A-Team – oder auch jedes andere populäre TV-Team – besteht aus ganz unterschiedlichen Charakteren mit unterschiedlichen Fähigkeiten. Ausgerichtet auf einen Sinn, auf ein gemeinsames Ziel, arbeiten sie Hand in Hand und schaffen oft das Unerreichbare. Stellen Sie sich vor, alle wären gleich.

Laut einer internationalen Studie der Enterprise Decision Management-Plattform Cloverpop bestätigt sich, dass vielfältige, diverse Teams in 87 % der Fälle eine bessere Leistung erbracht haben als einzelne Entscheidungsträger. Kein Wunder, denn Diversität bedeutet mehr, als eine breite Palette an Mitarbeitenden mit unterschiedlichen Geschlechtern und Ethnizitäten zu haben. Es geht auch um unterschiedliche Ansichten, Meinungen und Erfahrungen. Es gilt aber nicht nur, unterschiedliche Menschen zusammenzubringen, sondern auch ein Diversitäts-Mindset zu leben: Eine Offenheit für Andersartigkeit. Denn nur, wenn wir die Vielfalt wirklich willkommen heißen und zu schätzen wissen, kann sie ihre Kraft entfalten.

Und Achtung: Viele Führungskräfte wählen Mitarbeitende aus, die etwa so ticken wie sie selbst. Die wirken sympathisch und kompetent. Doch gerade anders tickende Menschen bringen neue Impulse in ein Team, das sonst nur im eigenen Saft köchelt.

Umsetzungs-Hack

Befragen Sie doch mal Ihre Mitarbeitenden. Inwiefern stimmen sie dieser folgenden Aussage zu:

„Immer wieder sind wir bei Themen unterschiedlicher Meinung. Dann geht es in eine konstruktive Diskussion, die sehr oft zu noch besseren Ergebnissen führt. Wir sind gut darin, Meinungsverschiedenheiten und unterschiedliche Perspektiven offen auszutragen und gemeinsam konstruktive Lösungen zu finden."

Skala 1–10. 10 bedeutet volle Zustimmung. 1 bedeutet volle Ablehnung der Aussage.

Fragen Sie dann auch: Was fehlt zur 10? Und was ist schon gut?

In einem 30–60 min Workshop gruppieren Sie ähnliche Aussagen, priorisieren die entstandenen Themenblöcke und beschließen konkrete Verbesserungspunkte wie z. B. Stärken auszubauen oder suboptimales Verhalten zu verbessern. Alle drei Monate betrachten Sie Ihre Fortschritte und beschließen Maßnahmen für die kommenden drei Monate. Das könnten eine Fortführung der zuvor beschlossenen Maßnahmen sein oder neue Maßnahmen.

Kurz & bündig

- Unterschiedlichkeit fördert neue Ideen und bessere Lösungsansätze.
- Diversität benötigt ein offenes Miteinander und eine konstruktive Diskussionskultur.
- Freude und Neugier an der Unterschiedlichkeit schafft Raum für Kreativität.
- High-performing Teams bestehen immer aus Menschen mit unterschiedlichen Fähigkeiten, Eigenschaften und Denkweisen.
- Ein breiteres Spektrum an Fähigkeiten führt zu mehr Innovationskraft und Qualität.

Der positive Effekt …

- Produktivität und Gewinne werden gesteigert
- Das kulturelle Verständnis, die Kreativität, die Mitarbeitermotivation und die Attraktivität des Unternehmens verbessert sich.
- Fähigkeiten und Ideenreichtum innerhalb der Abteilungen sind vielfältiger.
- Mitarbeiterfluktuation sinkt.

Beispiel

Positiv-Beispiel ist adidas. Der zweitgrößte Sportartikelhersteller der Welt hat seinen Sitz in Herzogenaurach bei Nürnberg. Wer sich allerdings auf dem Campus des Unternehmens aufhält, hat nicht den Eindruck einer homogenen Mitarbeiterschaft. Im beschaulichen Herzogenaurach mit nur gut 20.000 Einwohnern beherbergt die Zentrale von adidas Mitarbeiter aus über 100 Nationen.

Vier von sechs Vorständen sind nicht in Deutschland geboren. Sport im Laufe des Tages ist nicht nur erlaubt, sondern erwünscht. Die Mitarbeitenden sitzen in Großraumbüros, Rückzugsorte für Gespräche gibt es in großer Anzahl, sodass Kommunikation und Austausch immer leicht möglich sind. Es gibt sogenannte Collaborative Hubs und Teamecken mit Schaukelstühlen für

Tab. 1.1 Vorlage einer Skill Matrix. Die Kompetenzen und derzeitigen Lücken bewusst machen

| | Skill Matrix Vorlage | | Mitarbeiterin 2 | | Mitarbeiterin 3 | |
| | Mitarbeiterin 1 | | | | | |
Fähigkeiten	Kompetenz (5 am größten, 1 am niedrigsten)	Interesse 1 = ja, 0 = nein	Kompetenz	Interesse	Kompetenz	Interesse
Fähigkeit 1	4	1	4	1	3	1
Fähigkeit 2	1	1	2	1	4	1
Fähigkeit 3	2	0	3	0	2	1
...	...		...		...	
	3	1	4	1	2	0
Fähigkeit n	4	1	1	0	3	0

einen entspannten Austausch anstatt fester Arbeitsplätze. So hat jeder täglich ein anderes Arbeitsumfeld und verschiedene Mitarbeitende um sich herum. Festgefahrene Routinen werden reduziert. Dadurch steigt auch die Flexibilität im Denken. Mitarbeitende arbeiten in nicht-hierarchischen Teams, in denen jeder seinen Beitrag zum Ergebnis gleichberechtigt beiträgt. Rund ein Drittel aller Führungskräfte sind weiblich und Adidas wurde als eines der LGBTQIA* freundlichsten Unternehmen eingestuft. Viel Platz für Diversität und Kreativität. ◄

Umsetzung in der Praxis: Skill-Matrix
Warum?
Wie lösen Sie die Thematik Weiterbildung, fördern Diversität und schaffen die richtige Teamzusammenstellung? Lassen Sie das Team das selbst machen. Die Skill-Matrix hilft Ihnen und Ihrem Team dabei, Klarheit zu erzeugen, wie gleich oder unterschiedlich Ihr Team aktuell zusammengestellt ist. Aber natürlich auch, welche Skills benötigt werden, welche davon bereits vorhanden sind, welche durch Weiterbildungen ergänzt werden können oder wo ggf. ein weiteres Teammitglied gesucht werden muss, das dann bewusst einen neuen Aspekt, eine neue Art zu denken ins Team bringt. Allein die Tatsache, diese Facetten transparent zu machen und die Diskussion anzuregen, sorgt bereits für ein Bewusstsein der Wichtigkeit von Diversität und der entsprechenden Offenheit. Die Tab. 1.1 zeigt, wie eine solche Skill-Matrix aufgebaut sein kann.
Was?
Ein Dokument, das alle das Team betreffenden Skills und Präferenzen beinhaltet. Es dient zum einen zur Standortbestimmung aber vor allem auch als Grundlage für Verbesserungen.

Wie?
1. Template zur Verfügung stellen
2. Team Inhalte erarbeiten lassen
3. Das Team anhalten, Potenziale zu identifizieren und entsprechende Veränderungen vorzunehmen.

Das Ergebnis: Klarheit, Wertschätzung und Nutzen der Unterschiedlichkeiten.

Selbstreflexion

Das ist mein Key-Learning dieses Abschnitts, das möchte ich mir merken:

....

....

....

Das machen wir aus meiner Sicht schon gut, dafür bin ich dankbar:

....

....

....

Perspektivwechsel: So sehen das vermutlich meine Mitarbeitenden…

....

....

....

Bei genau diesem Aspekt des Themas „*Diversität und das A-Team*" sehe ich Veränderungspotenzial in meinem Unternehmen/Team:

....

....

....

Das möchte ich konkret in den nächsten zwei Wochen anders machen/ausprobieren:

....

....

....

Nach den zwei Wochen:
Diese Erfolge konnte ich erzielen:

....

....

....

Hier ist noch mehr zu tun:

....

....

....

Sich selbst und Mitarbeitende führen

2

2.1 Tagesgeschäft und andere Geschäftigkeiten

Gemäß einer Studie der Firma coretelligence haben 6 von 10 Führungskräften keine Zeit oder zu wenig Zeit für strategische, konzeptionelle Überlegungen. Das ist kein Wunder, da die Führungskräfte meist im Tagesgeschäft feststecken. Wenn ich die Frage in meinen Vorträgen stelle, wer genug Zeit für konzeptionelle, strategische Überlegungen hat, melden sich von 200 Führungskräften selten mehr als eine oder zwei Personen.

„Mein Kalender ist voll, meine ToDo-Liste noch voller."

So denken viele
Ein Unternehmen führt sich nicht von allein. Natürlich ist alles irgendwie wichtig. Und Sie als Geschäftsführerin oder Führungskraft können Ihre Erfahrung in viele Themen und Details einbringen. Dadurch wird der Tagesablauf oftmals von Terminen und dem operativem Tagesgeschäft dominiert.

M. Jotzo, *Führungs-NEULAND – Nicht betreten auf eigene Gefahr,* essentials, https://doi.org/10.1007/978-3-658-41097-1_2

Was brauchen Unternehmen heute?
Auch wenn Sie so vielleicht das Gefühl haben, dass Ihnen nichts durchrutscht
und alles seinen richtigen Gang geht, in Wirklichkeit stehen Sie fest auf der
Bremse. Ist Ihr Terminkalender voll, sind Sie nicht spontan verfügbar und werden
zum Bottleneck, Ihr Unternehmen wird langsamer agieren.
Gute Führungskräfte entscheiden nicht mehr alles selbst. Es gilt, die richtigen
Rahmenbedingungen zu schaffen, um die kreative Lösungsfindung Ihrer Mit-
arbeitenden zu entfachen. Und das schaffen Sie, indem Sie das Tagesgeschäft
Ihren Mitarbeitenden überlassen und sich auf echte Führungsarbeit konzentrieren.
Dies beinhaltet u. a. bereitzustellen, was Ihre Mitarbeitenden benötigen, um einen
richtig guten Job zu machen, konzentriertes konzeptionelles Arbeiten, ein Klima
der Offenheit und des Vertrauens zu schaffen, stetiges Lernen vorzuleben und bei
Mitarbeitenden einzufordern und zu fördern.

Umsetzungs-Hack
Wie viel Zeit haben Sie für strategische Überlegungen, Unternehmensaus-
richtung und Konzeption?
  □ Stets ausreichend Zeit
  □ Immer mal wieder
  □ Wenig Zeit
  □ Keine Zeit
Lassen Sie alle Führungskräfte in Ihrem Unternehmen dieselbe Frage
anonym beantworten. Über www.mentimeter.com erfragen Sie die Ergeb-
nisse anonym innerhalb eines Tages. Wenn Ihre Führungskräfte nicht aus-
reichend Zeit für langfristige Überlegungen haben, läuft Ihr Unternehmen
Gefahr, falsche Prioritäten zu setzen, Potenziale und Chancen nicht zu
nutzen. Zu wenig strategisch zu planen, ist wie Rauchen. Kurzfristig nicht
schlimm, aber irgendwann tödlich. Was müssen Sie verändern, damit
Sie und Ihre Führungskräfte sich mit dem Kern Ihrer Führungsaufgabe
beschäftigen?

Kurz und bündig
- Durch zu viel Tagesgeschäft haben Führungskräfte kaum Zeit für Konzeption
  und langfristig Wichtiges. Sobald die Mitarbeitenden das Tagesgeschäft selbstständig bewältigen, entsteht der benötigte Freiraum.

- Mitarbeitende kennen die Details häufig am besten. Wenn Entscheidungen auf der Ebene der Mitarbeitenden getroffen werden, nutzt das Unternehmen die Potenziale aller.
- Konsequenter Fokus auf Führungsarbeit bringt Wettbewerbsfähigkeit.
- Mitarbeitende, die nur stumpf ausführen dürfen, sind weniger engagiert und kündigen schneller. Eigenverantwortung hingegen macht stolz.

Der positive Effekt ...
- Schnelle Lösungen und Entscheidungen auf allen Hierarchieebenen.
- Entlastung der Führungskräfte von Operativem; daher Zeit für echte Führungsaufgaben.
- Erfolgreicher durch richtige Prioritäten.
- Mitarbeiterbindung durch empfundene Selbstverantwortung und Selbstwirksamkeit.

Beispiel

Der neue Vertriebsleiter in einer großen deutschen Brauerei wurde immer wieder mit Fragen zu Entscheidungen von seinem Trade Marketing Leiter gelöchert. Der Trade Marketing Leiter war es gewohnt, nicht selbst zu entscheiden, sondern seine Führungskraft zu fragen. Da sagte der Vertriebsleiter zu seinem Trade Marketing Leiter: „Du bist der Leiter des Trade Marketings, Du triffst mit Deinem Team die Entscheidungen für das Trade Marketing allein." Die ersten sechs Monate waren für den Trade Marketing Leiter die Hölle. Denn er war diese große Verantwortung nicht gewohnt. Sechs Monate später hat er seinem Vertriebsleiter dafür die Füße geküsst, endlich verantwortungsvoll arbeiten und entscheiden zu dürfen. Das Prinzip gilt also für jede Ebene. Delegieren Sie alle möglichen Entscheidungen an Ihre Mitarbeitenden – seien es Führungskräfte oder nicht. ◄

Umsetzung in der Praxis: Calendar Painting
Warum?
Wieviel Zeit verbringe Sie als Führungskraft eigentlich womit? Um Ihre Zeit richtig einzusetzen, benötigen Sie erst einmal Klarheit darüber, wie Sie Ihre Zeit aktuell überhaupt einsetzen. Das Bauchgefühl trügt hier meist.

Was?
Ein Farbsystem im Kalender, das mir auf einen Blick verrät, wo die Schwerpunkte liegen.

rot = Meetings/Reportings
gelb = fachliche Themen
grün = freie verfügbare Zeit für Führung und um ansprechbar zu sein für die Mitarbeitenden

Wie?

1. Kalendereinträge mit den drei Farben kennzeichnen
2. Die grünen Zeiten Schritt für Schritt erhöhen. Entscheidend ist dabei, die sich
   parallel entwickelnde Bereitschaft bestimmte Dinge und damit auch Kontrolle
   loszulassen und produktive Führungstätigkeiten zu erhöhen.

Das Ergebnis: Freiraum, Konzentration auf die wichtigen Führungsaufgaben.

Selbstreflexion

Das ist mein Key-Learning dieses Abschnitts, das möchte ich mir merken:

....

....

....

Das machen wir aus meiner Sicht schon gut, dafür bin ich dankbar:

....

....

....

Perspektivwechsel: So sehen das vermutlich meine Mitarbeitenden...

....

....

....

Bei genau diesem Aspekt des Themas „*Tagesgeschäft und andere Geschäftig-keiten*" sehe ich Veränderungspotenzial in meinem Unternehmen/Team:

....

....

....

Das möchte ich konkret in den nächsten zwei Wochen anders machen/aus-probieren:

....

....

....

Nach den zwei Wochen:
Diese Erfolge konnte ich erzielen:

....

....

....

Hier ist noch mehr zu tun:

....

....

....

2.2   Zeit-, Nerven-, Energie-, Geld-, Geduld- und Motivations-Fresser: Meetings

Lieben Sie Meetings? Ich liebe effiziente und effektive Meetings. Leider sind sie das zu selten. In meiner Zeit als Manager im Marketing bei einem internationalen Konsumgüterhersteller hatten wir immer wieder Meetings, die ich nicht sinnvoll fand. Manchmal habe ich gestöhnt, hier und da bin ich nicht hingegangen. Im Workplace Survey 2009 wurden 6000 europäische Führungskräfte befragt: Wie viel Meetingzeit könnte eingespart werden, wenn unnötige Meetings komplett eingespart werden, wenn einzelne Teilnehmer bei einzelnen Agendapunkten nicht anwesend sind oder wenn einzelne Agendapunkte gekürzt werden. Was wäre Ihre Antwort? Wie viel Prozent Ihrer Meetings könnten Sie gut und gerne einsparen?

6000 Führungskräfte sagten, dass durchschnittlich 31 % der Meetingzeit eingespart werden könnte. Das wären für die meisten Führungskräfte über 100 h eingesparte Meetingzeit pro Jahr. Wofür könnten Sie diese 100+ h besser nutzen?

„Meetings sind wichtig, damit alle informiert sind und die Expertise aller genutzt wird."

So denken viele
Schließlich lebt Zusammenarbeit vom Austausch.

Was brauchen Unternehmen heute?
Echte Kollaboration! Aber keine Reportings oder ineffiziente Zwangsmeetings. Gerade bei Führungskräften sind von 900 Meetingstunden p.a. ca. 200 h[1] vergeudet.

---

[1] 4 h Meetings pro Tag = 20 h Meetings pro Woche = 46 Wochen pro Jahr = 920 h pro Jahr. Eine Einsparung von nur 20–30 % entspricht 180–276 h.

- Weil die Führungskraft gar keinen Beitrag leistet im Meeting oder nur zu einzelnen Agendapunkten.
- Weil Langredner und Abschweifer das Meeting als Bühne missbrauchen.
- Weil Agendapunkte weder ein definiertes Ziel noch ein Zeitlimit haben.
- Weil keine Ergebnisse produziert, fest- oder nachgehalten werden.
- Weil die Treffen schlichtweg schlecht vorbereitet sind.

Leider ist dies allzu oft gängige Meetingkultur. Von der aufwendigen Terminfindung im Vorfeld mal ganz abgesehen. Eine Meeting-Planung beschleunigt Umsetzung & Qualität. Gleichzeitig wird die produktive Arbeitszeit für alle Beteiligten durch weniger Meeting-Zeit erhöht.

Umsetzungs-Hack
Messen Sie am Ende jedes Meetings den RoTI, den Return on Time Invested.
Check-out am Ende des Meetings: Jeder Teilnehmende bewertet das Meeting auf einer Skala von 1–5.
1 = war wenig wertvoll oder sogar Zeitverschwendung,
2 = war okay, hätte aber schneller gehen können,
3 = war die investierte Zeit wert,
4 = wir waren richtig schnell und sind mir extrem kurzen Wortbeiträgen zur Sache gekommen,
5 = war viel mehr wert als die eingesetzte Zeit.
Jeder Teilnehmende nennt seine Zahl und ein bis zwei kurze Sätze als Erläuterung. Die vorgeschlagenen Verbesserungen setzen alle gemeinsam im nächsten Meeting um.

Kurz & bündig

- RoTI oftmals nicht im Blick, ein Hinterfragen auf Sinnhaftigkeit erfolgt nicht. Dadurch verschwenden die Teilnehmenden Zeit.
- Wenn Teilnehmende ihre E-Mails im Meeting checken, wissen Sie, dass Sie Optimierungsbedarf haben.
- Ein hartnäckiges Nachfragen „Wer? Macht was? Bis wann?" schließt jeden Agendapunkt mit klaren Verantwortlichkeiten ab. ‚Wer' ist immer *eine* *anwesende* Person. ‚Bis wann' ist immer ein Datum.
- Bei 50 Führungskräften, einem angenommenen Kostensatz von nur 50 € und 200 verschwendeten Meetingstunden, verbrennt ein Unternehmen Arbeitszeit

im Wert von 500.000 € Jahr für Jahr. In den meisten Unternehmen wird der
tatsächliche Wert deutlich höher liegen.

Der positive Effekt …
- Weniger Meetingfrust.
- Jede Führungskraft und auch alle Mitarbeitenden werden es lieben, deutlich
  weniger Zeit in Meetings zu verbringen.
- Mehr Freiraum für Wert schaffende Tätigkeiten.

Beispiel

11:05 Uhr – drei von fünf Mitarbeiterinnen sitzen schon im Konferenzraum
eines Münchner Start-Ups, zwei fehlen. Nachdem noch nicht alle da sind, geht
die erste Kollegin nochmal einen Kaffee holen, die nächste klappt den Laptop
auf und will „schnell noch" eine E-Mail verschicken. 11:13 Uhr – endlich sind
alle anwesend und das Meeting kann schleichend beginnen. 11:16 Uhr – auch
der Kollege hat seine Mail verschickt und beteiligt sich nun am Meeting. Man
konnte richtig spüren, wie nicht nur die Zeit dahinschwindet bis alle anwesend
sind, sondern auch die geringe Motivation und Energie im Raum. Frust
machte sich zunehmend breit, weil es unweigerlich als wenig wertschätzend
empfunden wird, auf andere warten zu müssen. Leider war das kein Einzelfall
in diesem Unternehmen. Bei mittlerweile über 100 Mitarbeitenden wurden die
Wege einfach länger. ◄

Die Lösung war so unfassbar einfach und unaufwendig: Wir ließen Meetings
ab sofort nicht mehr standardmäßig von voller zu voller Stunde laufen, sondern
von 10 min nach der vollen Stunde bis zur nächsten vollen Stunde, also maximal
50 min. Damit hatte jeder ausreichend Zeit von einem Meeting zum nächsten zu
kommen inkl. Getränkenachschub oder des Gangs zur Toilette. Das Ergebnis: Ab
sofort starteten die Meetings pünktlich mit allen Teilnehmenden und mit voller
Konzentration, Aufmerksamkeit und ohne Zeitverschwendung. Die damit ver-
bundene gegenseitige Wertschätzung ließ den kompletten Meetingverlauf seit-
dem effizienter werden. Gleichzeitig fanden alle Freude an effizienten Meetings,
sodass das Unternehmen erst die Meetingstrukturen verbessert und dann auch die
Meetingdauer immer weiter reduziert hat.

In die Praxis umgesetzt: Time-Box
Warum?
Nicht enden wollende Meetings? Keine Ergebnisse? Lange Monologe oder Dis-
kussionen? Wenn Fokus und Zielorientierung fehlen, hilft es, die Länge eines
jeden Agendapunktes am Beginn des Meetings gemeinsam zu vereinbaren.

Was?
Verabredung auf feste Zeitfenster für ein Thema und fokussiertes Abarbeiten.

Wie?
1. Gemeinsame Verabredung auf ein Zeitfenster z. B. 10 min.
2. Timebox stellen.
3. Bis zum Ablauf der Timebox auf ein Ergebnis einigen.
4. Wenn nicht erreicht, gemeinsam entscheiden, ob ein weiteres Zeitfenster dafür
   eingeräumt wird oder das Thema verschoben werden soll – je nach weiteren
   Agendapunkten, Wichtigkeit oder Dringlichkeit.

Das Ergebnis:
Fokussierte, zielorientierte Meetings.

Selbstreflexion

Das ist mein Key-Learning dieses Abschnitts, das möchte ich mir merken:

....

....

....

Das machen wir aus meiner Sicht schon gut, dafür bin ich dankbar:

....

....

....

Perspektivwechsel: So sehen das vermutlich meine Mitarbeitenden…

....

....

....

Bei genau diesem Aspekt des Themas „*Zeit-, Nerven-, Energie-, Geld-, Geduld-
und Motivations-Fresser: Meetings*" sehe ich Veränderungspotenzial in meinem
Unternehmen/Team:

....

....

....

Das möchte ich konkret in den nächsten zwei Wochen anders machen/aus-
probieren:

....

....

....

Nach den zwei Wochen:
Diese Erfolge konnte ich erzielen:

....

....

....

Hier ist noch mehr zu tun:

....

....

....

2.3   Zuhör-Kompetenz oder eigener Redeanteil > 50 %: Die Laberbacken-Challenge

Wie würden Sie es finden, wenn ab sofort in allen Dialogen, die Sie führen, die andere Person 70–80 % der Zeit spricht, und Sie dann entsprechend nur 20–30 %? Beim Feierabendbier mit einem Freund oder einer Freundin, mit dem Partner oder der Partnerin und natürlich auch im Job? Oder wenn Sie nur 20–30 % des Platzes im Ehebett bekommen würden?

„Von mir als erfahrene, erfolgreiche Führungskraft wird erwartet, dass ich viel weiß und den Mitarbeitern viel weitergebe."

So denken viele
Sie haben viele Jahre Erfahrung – vielleicht sogar in exakt dieser Branche, vielleicht sogar in diesem Unternehmen. Vielleicht haben Sie sogar mehr Lebenserfahrung als die anderen.

Was brauchen Unternehmen heute?
Heute ist intelligent, wer auf die Intelligenz vieler setzt. Mitarbeitende wollen sich einbringen. Und da diese viel mehr Detailwissen haben, mitunter sogar besser ausgebildet sind und näher am Marktgeschehen sind als deren Führungskräfte, ist es sogar essenziell, die Mitarbeitenden mitreden zu lassen. Wir brauchen also das Engagement, die Kreativität und den Redeanteil der Mitarbeitenden, um die bestmögliche Lösung zu finden. Auch ein Satz, der gern überlesen wird. Daher ebenfalls noch einmal: Wir brauchen also das Engagement, die Kreativität und den Redeanteil der Mitarbeitenden, um die bestmögliche Lösung zu finden.
Wer zuhört und Fragen stellt, interessiert sich für die Gedanken der Anderen.
Wer 75 % der Zeit spricht, huldigt seinem eigenen zu großen Ego und interessiert sich hauptsächlich für die eigenen Gedanken und Großartigkeit.

Ein weiterer Aspekt: Nur wenn Sie konzentriert zuhören, erfahren Sie, was Ihre Mitarbeitenden beschäftigt und was ihre Sorgen und Nöte sind. Nur so finden Sie heraus, was sie benötigen, um bestmöglich an den gemeinsamen Unternehmenszielen zu arbeiten. Nur wenn Sie diese Themen kennen, und sich ihrer annehmen, fühlen sich Ihre Mitarbeitenden ernst genommen und sicher in der immer unsicherer werdenden VUCA-Welt. Im Gegenzug werden die Mitarbeitenden ihr höchstes Gut, nämlich ihr vollständiges emotionales Engagement ins Unternehmen einbringen.

Umsetzungs-Hack
Zählen Sie, wie viele Antworten Sie in einem Gespräch/Meeting geben und wie viele Fragen Sie stellen. Ein Indikator dafür, dass Sie viele gute Fragen stellen, ist ein ausgeglichener Redeanteil im Dialog – nämlich 50 %. Im Team-Meeting ist Ihr Redeanteil bestenfalls nicht größer als 20 oder 25 %.

Kurz & bündig
- Wenn Sie nicht aufmerksam zuhören, verpassen Sie Lösungsideen Ihrer Mitarbeitenden.
- Zuhören auf allen Ebenen befähigt Ihr Unternehmen, einen größeren Erfahrungsschatz, mehr Kreativität und mehr Lösungskraft zu nutzen.
- Für komplexe Aufgabenstellungen reicht ein Mensch heute nicht mehr aus. Dazu braucht es interdisziplinäre Teams mit diversen Erfahrungswelten, die sich jeweils in Lösungen einbringen.
- Menschen, die sich wahrgenommen und verstanden fühlen, bringen sich mutiger und mit mehr Kreativität ein.

Der positive Effekt …
- Lösungsansätze werden besser.
- Mitarbeitende fühlen sich als Teil der Lösung, arbeiten motivierter an „ihrem eigenen Baby".
- Größere Marktnähe, da Mitarbeitende die Kunden im Detail am besten kennen.
- Je mehr Mehr-Hirn-Denken, desto wettbewerbsfähiger.

> **Beispiel**
>
> In einem Interview mit der WirtschaftsWoche (40/2006) sagt Götz Werner, dm-Gründer: „In den meisten Unternehmen ist das Meisterprinzip noch tief verankert. Das heißt: Der Chef ist Chef, weil er alles am besten weiß. Ich bin als Geschäftsführer aber nicht für alles verantwortlich, sondern für das Ganze. Dennoch wollen die Mitarbeiter von ihrem Vorgesetzten vor allem Antworten hören. Dann wissen sie genau, was ich von ihnen will, und können scheinbar keine Fehler machen. Aber ich habe mir irgendwann zum Ziel gesetzt, dass jeder, der mit einer Frage zu mir kommt, mit drei bis fünf Fragen wieder geht. Ein Unternehmen zu führen, heißt heute nicht mehr, Menschen zu führen, sondern Bewusstsein zu schaffen. Das erreichen Sie nie mit einer Antwort, denn die beendet das Bewusstsein sofort. Wenn der Chef hingegen eine Frage stellt, gehen die Mitarbeiter auf die Suche. Und je mehr Leute ich habe, die suchen und erneuern wollen, desto wettbewerbsfähiger werde ich." Nicht umsonst ist Götz Werner eine viel zitierte Führungspersönlichkeit. Und die Zahlen sprechen für sich: dm baut seinen Marktanteil seit Jahren erfolgreich aus und ist laut StepStone aktuell der beliebteste Arbeitgeber Deutschlands. ◄

In die Praxis umgesetzt: Fokus-Karten
Warum?
Unsere Zeit ist das wertvollste Gut. Damit wertschätzend umzugehen, ist unser aller Pflicht. Fokus-Karten helfen, in Meetings darauf aufmerksam zu machen, wenn der Fokus verloren geht, das Thema vielleicht nur einen Teil der Anwesenden betrifft oder es einfach Zeit wird, das Thema abzuschließen.

Was?
Karten, die in Meetings gezückt werden können, um darauf aufmerksam zu machen, dass gerade Zeit verschwendet wird, z. B. mit der Aufschrift „FOKUS – zurück zum Thema!", „HÄ? MOMENT! – worüber diskutieren wir?", „LAAAANGWEILIG – weiter geht's!", „WIEDERHOLUNG" oder „KOMM ZUM PUNKT" für die Langredner.

Wie?
1. Karten in Meetings für alle zugänglich machen
2. Bei Bedarf einfach hochhalten
3. Verhalten verändern und Zeit sparen

Das Ergebnis:
Direktes Feedback, Effizienzsteigerung, Wertschätzung, kürzere Meetings.

Selbstreflexion

Das ist mein Key-Learning dieses Abschnitts, das möchte ich mir merken:

....

....

....

Das machen wir aus meiner Sicht schon gut, dafür bin ich dankbar:

....

....

....

Perspektivwechsel: So sehen das vermutlich meine Mitarbeitenden…

....

....

....

Bei genau diesem Aspekt des Themas „*Zuhör-Kompetenz oder eigener Rede-anteil > 50 %: Die Laberbacken-Challenge*" sehe ich Veränderungspotenzial in meinem Unternehmen/Team:

....

....

....

Das möchte ich konkret in den nächsten zwei Wochen anders machen/aus-
probieren:

....

....

....

Nach den zwei Wochen:
Diese Erfolge konnte ich erzielen:

....

....

....

Hier ist noch mehr zu tun:

....

....

....

2.4   Fehler mit Kultur

In einer Studie mit über 180 Teams untersuchte die Harvard University
Professorin Amy Edmondson, was ein exzellentes Team von einem durchschnitt-
lichen Team unterscheidet. Die Antwort sind 5 Erfolgsfaktoren. Der erste Erfolgsfaktor lautet ‚Psychologische Sicherheit'. Herrscht psychologische Sicherheit,

fühlen sich Menschen sicher. Folgende Verhaltensweisen sind dann normal: Um Hilfe bitten, einen Fehler vor versammelter Mannschaft zugeben oder ein Projekt öffentlich kritisieren. Ehrliche Kommunikation, wirklich ehrliche Kommunikation, andere Perspektiven und Meinungen sind bei psychologischer Sicherheit willkommen auf allen Ebenen.

Amy Edmondson forscht zu psychologischer Sicherheit seit 20 Jahren. Eine Arbeitskultur mit psychologischer Sicherheit ist eine entscheidende Zutat für die Zukunftsfähigkeit eines Unternehmens.

„Natürlich haben wir eine Fehlerkultur. So viele schlimme Fehler machen wir aber gar nicht."

So denken viele …

…und das ist auch gar nicht abwegig, denn Fehler kosten Geld. Den Spezialisten mit jahrelanger Erfahrung passieren auch nicht mehr so viele Fehler.

Was brauchen Unternehmen heute?

Unternehmen brauchen heute beides: Fehler durch Ausprobieren von Neuem. Und einen offenen Umgang mit Fehlern bei bestehenden Abläufen.

Auf lange Sicht bedeutet, keine Fehler zu machen, nichts Neues auszuprobieren, sich nicht weiterzuentwickeln. Das Unternehmen verliert dann Kunden an innovativere Wettbewerber. Niemand macht absichtlich Fehler, die Angst vor Fehlern kann einen aber extrem lähmen. Niemand schürt diese Angst absichtlich. Ein Perspektivwechsel lohnt sich. Fragen Sie daher Ihre Mitarbeitenden so wie in folgendem Umsetzungs-Hack beschrieben.

Umsetzungs-Hack
Stellen Sie ein Flipchart mit einer Skala in die Kaffeeküche. Jeder Mitarbeitende bewertet auf einer Skala von 1–10: „Wie offen und wertschätzend sprechen wir über unsere eigenen Fehler und die der anderen? Was ist schon gut? Was fehlt zu einer 10?" **Die Antworten können spannend für Sie werden und Ihnen helfen, Dinge zu** *verbessern. In einem 60-Minuten-Workshop erarbeiten Sie mit Ihrem Team konkrete Umsetzungspunkte, die Sie quartalsweise überprüfen und bei Bedarf nachjustieren. Wenn Sie remote arbeiten, machen Sie die Abfrage per mentimeter.com.*

Ein offener und wertschätzender Umgang mit Fehlern führt zu psychologischer Sicherheit aller. Dies ermöglicht Ihnen und Ihrer Mannschaft, neue, bessere und innovative Wege zu gehen. Allerdings: Konsequenzlosigkeit bei Wiederholungsfehlern hilft auch nicht.

Kurz & bündig

- Um neue Wege zu finden, das Unternehmen weiterzuentwickeln und zu lernen, müssen sich Menschen irren dürfen. Fehler passieren sowohl im Tagesgeschäft als auch wenn Mitarbeitende Neues ausprobieren.
- Angst vor Fehlern führt dazu, sich nur auf gewohntem, sicherem Terrain zu bewegen, und stoppt damit Innovation und Wettbewerbsfähigkeit.
- Wenn Anerkennung dafür ausbleibt, dass jemand den Mut hat, Dinge auszuprobieren, oder Fehler sogar öffentlich angeprangert oder unverhältnismäßig stark kritisiert werden, sinken Engagement und Entscheidungsfreude.
- Wenn die Geschäftsführung oder eine Führungskraft nicht über die eigenen Fehler offen spricht, ist dies ein schlechtes Beispiel für die gesamte Mannschaft.

Der positive Effekt …
- Kultur des Lernens entwickelt sich.
- Mehr Mut und Lust, sich einzubringen.
- Schnellere Entscheidungen.
- Schnellere und bessere Anpassung an Marktbedürfnisse.
- Höhere Wettbewerbsfähigkeit.

Beispiel

Nicht das Scheitern wird gefeiert, sondern der Mut zu Moonshots – so das Credo bei Google X, der Moonshot Factory, der Forschungseinheit von Alphabet. Die Unternehmensführung fordert dort aktiv Fehler von Mitarbeitenden ein. Es wird schon mal mit einer richtig teuren Flasche Wein gefeiert, wenn jemand mit einem Vorhaben gescheitert ist. In Astro Tellers TED-Talk „The unexpected benefit of celebrating failure" wird klar, warum dies so gelebt wird. Der Applaus gilt nicht dem Scheitern, sondern dem Mut, der benötigt wird, den Status Quo immer wieder herauszufordern. Für Sebastian Thrun, dem Gründer von Google X, ist Furchtlosigkeit ein hoher Wert: „It's important to celebrate your failures as much as your successes. If you celebrate your failures really well, and if you get to the motto and say, ‚Wow, I failed, I tried, I was wrong, I learned something,' then you realize you have no fear, and when your fear goes away, you can move the world.". ◀

Umsetzung in der Praxis: Retrospektive
Warum?
Wird regelmäßig gemeinsam über die Zusammenarbeit und die Qualität der Ergebnisse reflektiert, können gezielt Verbesserungen vorgenommen werden. Auch Konflikte können schnell aus dem Weg geräumt werden, bevor sie zum Energiefresser werden. Die Retrospektive ist daher der Kern jeder lernenden Organisation und empfiehlt sich daher für *jedes* Team.

Was?
Regelmäßige Reflexion im Team über die Zusammenarbeit im Format einer Retrospektive mit folgenden Fragen:

1. Was lief gut?
2. Was lief nicht so gut?
3. Was lernen wir für unsere zukünftige (Zusammen)Arbeit bzw. Projekte?

Wie?

1. Festen, regelmäßigen Termin etablieren, z. B. zweiwöchentlich, monatlich oder quartalsweise; kein Verschieben oder Canceln möglich.
2. Erfahrene Moderatorinnen für Retrospektiven nutzen; gerne aus einem anderen Bereich, um einen neutralen Blick zu wahren.
3. Regelmäßige Durchführung von Retrospektiven. Eine Retrospektive pro Quartal – unabhängig davon, was Ihr Team tut, ist bestens investierte Zeit.

Das Ergebnis:
Kontinuierliches Lernen. Weniger Fehler. Mehr Offenheit. Mehr Produktivität. Mehr Freude bei der Arbeit. Mehr Mitarbeiterbindung.

Selbstreflexion

Das ist mein Key-Learning dieses Abschnitts, das möchte ich mir merken:

....

....

....

Das machen wir aus meiner Sicht schon gut, dafür bin ich dankbar:

....

....

....

Perspektivwechsel: So sehen das vermutlich meine Mitarbeitenden…

....

....

....

Bei genau diesem Aspekt des Themas „*Fehler mit Kultur*" sehe ich Veränderungspotenzial in meinem Unternehmen/Team:

....

....

....

Das möchte ich konkret in den nächsten zwei Wochen anders machen/ausprobieren:

....

....

....

Nach den zwei Wochen:
Diese Erfolge konnte ich erzielen:

....

....

....

Hier ist noch mehr zu tun:

....

....

....

2.5 Wertschätzung kommt aus Vertrauen und Zutrauen

Laut Gallup Studie denken 97 % aller Führungskräfte, sie seien eine gute Führungskraft. Gleichzeitig denken 2 von 10 Mitarbeitenden darüber nach wegen einer schlechten Führungskraft sogar zu kündigen. Da kann ja was nicht stimmen mit der Selbsteinschätzung der Führungskräfte! Denn der Hauptgrund für eine Kündigung eines Mitarbeitenden ist die mangelnde Wertschätzung durch die eigene Führungskraft. Die Schulnote „gut" kann diesen Führungskräften wohl kaum ausgestellt werden.

„Ich bin doch stets freundlich und sage Danke."

So denken viele
Ein Dankeschön hören wir ja alle gern.

Was brauchen Unternehmen heute?
Laut einer Studie von 2019 der Unternehmensberatung Compensation Partner ist der Top-Kündigungsgrund von Mitarbeitern ‚mangelnde Wertschätzung durch die eigene Führungskraft‘. Dabei nimmt sich wohl kaum eine Führungskraft vor, einen Mitarbeitenden bewusst in die innere und tatsächliche Kündigung zu treiben. Dennoch passiert das jeden Tag. ‚Dankeschön‘ zu sagen ist auf jeden Fall nicht ausreichend.

Fakt ist: Wertschätzung ist im heutigen Informationszeitalter etwas anderes als noch im Industriezeitalter. Mitarbeitende wollen heute Zugang zu entscheidungsrelevanten Informationen, wollen gefragt werden, wollen optimales Arbeitsmaterial wie Laptops, Softwarelizenzen, einen Bürostuhl im Homeoffice, Gestaltungsfreiraum, keine Kontrollen[2], von der eigenen Führungskraft wahrgenommen und gesehen werden, selbst manche Entscheidungen treffen und Verantwortung übernehmen. Dieses Vertrauen, dieses Zutrauen in Mitarbeitenden, wirkt wertschätzend, weckt immense Schaffenskraft und Mitarbeitende wachsen über sich selbst hinaus. Wenn sich Mitarbeitende das Vertrauen erst verdienen müssen, ist es kein Vertrauen, sondern Gewissheit.

Die Folgen echten Vertrauens sind: Hohes Engagement, Mitarbeiterbindung und Weiterempfehlung Ihres Unternehmens.

Umsetzungs-Hack
Fragen Sie doch mal Ihre Mitarbeitenden:

- Wie sehr fühlen Sie sich wertgeschätzt? Auf einer Skala von 1–10.
- Wie sehr vertraut Ihnen Ihre Führungskraft, wenn Sie herausfordernde Aufgaben bearbeiten? Auf einer Skala von 1–10.
- Würden Sie Ihr Unternehmen einem Freund oder Bekannten als Arbeitgeber weiterempfehlen? Skala 1–10.
- Stellen Sie nach der jeweiligen Frage mit der Skala immer noch zwei weitere Fragen: Was ist schon gut? Was fehlt zur 10?
- Leiten Sie sehr konkrete Maßnahmen ab, die Sie einmal pro Quartal zusammen mit den Mitarbeitenden auf Umsetzung überprüfen.

Kurz & bündig
- „Nix g'sogt, 's g'lobt g'nug." war gestern.
- Wertschätzung schafft den Nährboden für Wachstum der Mitarbeitenden und des Unternehmens.

---

[2] Ein einzuarbeitender Mitarbeitender erhält selbstverständlich Unterstützung durch Anleitung und die Möglichkeit zur Überprüfung der Richtigkeit durch Peers oder die Führungskraft. Ausgebildete, eingearbeitete Mitarbeitende hingegen brauchen keine Kontrolle durch die Führungskraft.

- Erst kommt Vertrauen, dann kommt das Engagement der Mitarbeitenden und der Erfolg.
- Zutrauen als Ansporn, über sich selbst hinauszuwachsen.

Der positive Effekt ...
- Anerkennung führt zu Lust auf noch mehr Engagement und noch größere Erfolge.
- Eine Spirale des Guten entsteht.
- Kosteneinsparungen durch weniger Kontrollen.
- Produktivitätssteigerung durch eingearbeitete, treue Mitarbeitende.

Zwei Beispiele

„Behandle deine Mitarbeiter wie Erwachsene, dann verhalten sie sich auch so"
wird Ricardo Semler, Gründer von Semco, einem brasilianischen Zentrifugen-hersteller in der Capital Online zitiert[3]. Die konsequente Umsetzung sieht so aus: Bei Semco wählen die Mitarbeitenden ihre Arbeitszeit frei, ebenso ihr Gehalt, es gibt ausschließlich freiwillige und offene Meetings und keine Kontrollen der Spesenabrechnungen. Dies sind nur einige Punkte, die bei Semco konsequent anders gemacht werden, als es die meisten aus der eigenen Praxis kennen. Die Folge: Semco ist ein echter Talentmagnet. Das Unternehmen hat keine Stellen-ausschreibungen mehr nötig, der Zulauf ist gigantisch. Und nebenbei werden umfassend Kosten gespart – beim nicht mehr nötigen Kontrollapparat und durch die Minimierung von Zeitverschwendung in unnützen Meetings und durch hoch motivierte Mitarbeitende.

Auch die Hotelkette Ritz-Carlton geht in „Vorleistung" in Sachen Ver-trauen gegenüber Ihren Mitarbeitenden: Alle 32.000 Mitarbeitenden – und dies beinhaltet wirklich die gesamte Mannschaft, also auch Reinigungskräfte, Pförtner usw. – sind befugt, bis zu 2000 US$ auszugeben, um Probleme der Kundschaft zu lösen. Und zwar ohne Rücksprache mit irgendjemandem. Ganz schönes Risiko könnte man sagen, denn würde das jeder tun, wäre das Ritz auf einen Schlag 64 Mio. US$ los – und damit insolvent. Passiert das? Natürlich nicht! Fühlen sich die Mitarbeitenden wertgeschätzt, sind sie stolz auf ihr Unternehmen und auf jedes gelöste Problem? Mit Sicherheit! Wie hoch ist wohl die Fluktuation des Ritz-Carlton im Vergleich zum Branchendurchschnitt? Genau.

---

[3] https://www.capital.de/karriere/wie-unternehmen-ihre-mitarbeiter-gluecklich-machen

In die Praxis umgesetzt: Sich wirklich um Mitarbeitende kümmern
Warum?
Genau wie ein Leistungsanspruch an die Mitarbeitenden besteht, haben Unternehmen und Führungskräfte eine Fürsorgepflicht. Wenn Mitarbeitende umsorgt werden, dann sorgen sich Mitarbeitende um ihre Todos, Projekte und die Ergebnisse. Es gilt der Grundsatz der Reziprozität, der Gegenseitigkeit. Wenn Du mir etwas gibst, dann fühle ich mich verpflichtet, Dir etwas zurückzugeben, und tue das dann auch – bewusst oder unbewusst.

Was?
So geben Sie Ihren Mitarbeitenden das Gefühl, wichtig zu sein: Sehen Sie sie! Führen Sie WGDWLM-Gespräche mit Ihren Mitarbeitenden: „Wie geht's Dir wirklich, liebe Mitarbeiterin?" Wenn Sie Gespräche führen, in denen dies das alleinige Thema ist, zeigen Sie Ihrem Mitarbeitenden, dass Sie sich – nicht nur in Phasen der Krise und von heftigen Umbrüchen – auch um die Mitarbeitenden persönlich kümmern. Fragen Sie auch: „Was kann ich als Deine Führungskraft tun, um Dich in dieser herausfordernden Phase zu unterstützen?" Und: Meinen Sie das auch. Reißen Sie sich ein Bein aus, um jeden Mitarbeitenden wirklich zu unterstützen.

Wie?
Führen Sie ein WGDWLM-Gespräch In regelmäßigen Abständen, z. B. einmal im Monat oder alle zwei Monate als Minimum. Und: Sobald Sie spüren, irgendwas ist komisch mit einer Mitarbeiterin, dann führen Sie das Gespräch sofort. Lassen Sie Ihre Mitarbeiterin gern vorab wissen, dass Sie ein WGDWLM-Gespräch führen möchten.

Das Ergebnis:
Mitarbeitende fühlen sich gesehen, respektiert und wertgeschätzt. Im Gegenzug sind Mitarbeitende dann auch fürs Unternehmen engagiert da.

Selbstreflexion

Das ist mein Key-Learning dieses Abschnitts, das möchte ich mir merken:

....

....

....

Das machen wir aus meiner Sicht schon gut, dafür bin ich dankbar:

....

....

....

Perspektivwechsel: So sehen das vermutlich meine Mitarbeitenden…

....

....

....

Bei genau diesem Aspekt des Themas „*Wertschätzung kommt aus Vertrauen und Zutrauen*" sehe ich Veränderungspotenzial in meinem Unternehmen/Team:

....

....

....

Das möchte ich konkret in den nächsten zwei Wochen anders machen/ausprobieren:

....

....

....

Nach den zwei Wochen:
Diese Erfolge konnte ich erzielen:

....

....

....

Hier ist noch mehr zu tun:

....

....

....

2.6   Kein Lernen. Kein Wachstum. Kein Überleben.

In der Natur gibt es genau drei Möglichkeiten für Lebewesen: Wachsen, Fort-
pflanzen oder Sterben. Stillstand ist Tod. Unsere Zellen wachsen immer weiter,
ein Baum wächst, bringt im Frühjahr neue Blätter hervor. Die andauernde Veränderung ist in der Biologie ein Zeichen von Lebendigkeit.

„Wir sind Experten. Deshalb macht uns so schnell keiner was vor."

So denken viele
Schließlich haben Sie und Ihre Mitarbeitenden jahrelange Erfahrung auf Ihrem
Gebiet.

Was brauchen Unternehmen heute?
Wissen & Erfahrung sind das eine. Eine flexible Herangehensweise an eine
zunehmende Marktdynamik und die Art und Weise ‚Veränderung' zu denken,
sind die Erfolgsfaktoren.

Hören Sie immer noch in Ihrem Unternehmen Sätze wie „Das haben wir schon immer so gemacht." oder ein schnelles „Das geht doch gar nicht."? Solches Denken verlangsamt oder verhindert notwendige Anpassungen. Ursprung für solche Aussagen sind übrigens regelmäßig nicht nur Mitarbeitende, sondern sehr oft auch die Führungsspitze selbst.

Deshalb ist es für Mitarbeitende, Führungskräfte und Geschäftsführer essenziell, fortlaufend zu lernen, ihr eigenes Verhalten und Herangehensweisen regelmäßig zu hinterfragen und anschließend wie benötigt anzupassen. Eine veränderungsbereite DNA eines Unternehmens integriert kontinuierliches Lernen und Wachstum – ein starkes Fundament für ein potentes Unternehmen. Regelmäßige Retrospektiven und Führungskräfte- bzw. Peer-Feedback sind der Treibstoff einer veränderungsbereiten Mannschaft.

Umsetzungs-Hack
In regelmäßigen Retrospektiven (siehe Kapitel ‚Fehler mit Kultur') eliminieren Sie nicht nur Fehler, sondern Sie erarbeiten auch Veränderungsansätze und definieren individuelle Lernziele für jedes Teammitglied. Die Fortschritte der individuellen Lernziele betrachten die Teammitglieder konsequent in den nächsten drei Retrospektiven. Die Verantwortung für die Lernfortschritte trägt jedes Teammitglied selbst. In 60 s stellt jedes Teammitglied seine Lernaktivitäten und Umsetzungsfortschritte dem Gesamtteam mit.

Das Team und jeder einzelne Mitarbeitende lernen: Wir können lernen. Wir können besser performen. Diese Lernerfahrung macht Mitarbeitende und Teams veränderungsbereit für noch größere Veränderungen.

Kurz & bündig
- Zunehmende Dynamik erfordert kontinuierliches Lernen und Weiterentwicklung.
- Angst vor Veränderungen existiert auf allen Hierarchieebenen. Also gilt es, Menschen zu befähigen, Veränderungen jeden Tag zu leben und die Effekte positiv zu spüren.
- Dies ist keine Maßnahme, die einmal im Jahr im Mitarbeitergespräch greift. Es gilt, ‚Lernen' in jeder Zelle des Unternehmens täglich zu leben – allen voran in der Führungsmannschaft.

Der positive Effekt …
- Persönliches Wachstum, Spaß bei der Arbeit, stolze Mitarbeitende.
- Stetiges Lernen und Anpassen macht veränderungsfähig – und sogar Spaß.
- Eine lernende Organisation ist wettbewerbsstark und zieht ehrgeizige Talente an.
- Höhere Mitarbeiterbindung.
- Speed to Market als Konsequenz.

Beispiel

Die alsafe JUNGFALK GmbH & Co KG ist Hersteller von Ladungs-sicherungssystemen in Baden-Württemberg und mehrfach als Top-Arbeit-geber im Mittelstand ausgezeichnet. Diese Auszeichnung ist die Folge vieler verschiedener Praktiken und Führungskompetenzen. Lernen und über sich hinauswachsen sind fester Bestandteil des Arbeitsalltags. Und zwar in allen Ecken des Unternehmens, ganz unabhängig der jeweiligen Kerntätigkeit. Ein Kernbestandteil ist die KVP-Systematik: Der kontinuierliche Verbesserungs-prozess. Alle Mitarbeitenden tragen sich für „Projekte" ein und bekommen auch die entsprechende Zeit, daran zu arbeiten. Nach einem halben Jahr werden die Ergebnisse und Learnings der gesamten Belegschaft präsentiert. Ein Ampelsystem gibt eine Art „Bewertung" ab, die auch maßgeblich für die Implementierung ist. Wenn ein Fabrikmitarbeiter voller Stolz, ohne Power-point und Präsentationsfähigkeiten, das Projekt, die gesamte Produktion papierlos zu gestalten, vorgestellt, dann ist das der Beweis für Veränderungs-wille und -fähigkeit. Die wertschätzende Reaktion der versammelten Beleg-schaft spricht für Normalität von Verbesserungsdenken auf allen Ebenen. Selbstverständlich gibt es für diese Verbesserungen keine Prämien. Stattdessen hagelt es Stolz und engagierte Mitarbeitende. ◄

Umsetzung in der Praxis: Gemeinsames Lernen und Netzwerken
Warum?
Natürlich ist fast alles Wissen dieser Erde auf YouTube kostenlos erhältlich. By the way – hier finden Sie auch meinen Kanal mit konkreten Tipps für Führungs-kräfte. Doch wenige Mitarbeitende nehmen sich zusätzlich zur Arbeit die Zeit,

sich eigeninitiativ weiterzubilden. Doch schnelles Lernen ist heute der Erfolgsfaktor für den professionellen Umgang mit Veränderungen.

Was?

Lernen im Team bei einem monatlichen Vortrag. Die Vortragenden können externe oder interne Experten sein. Und wenn kein Referent zu einem Thema greifbar ist, dann tut es auch ein guter TED Talk, ein Greator- oder Fach-Video auf YouTube. Einer meiner Kunden nutzt dafür meinen „Führen wie ein Löwe-Podcast", den alle Führungskräfte vor dem Meeting allein anhören. Da eine Episode nur zehn bis fünfzehn Minuten dauert, passt eine Podcast-Folge sogar in den Weg zur Arbeit gut hinein. Im Meeting diskutieren dann die Führungskräfte zu vorher festgelegten Fragen. Eine weitere Möglichkeit ist, dass Mitarbeitenden einen Projekterfolg inklusive Lessons Learned vorstellen. Oder ein Mini Fuck-up-Vortrag, in dem über einen Fehler offen gesprochen wird. Die Möglichkeiten sind vielfältig.

Wie?

Einmal im Monat gibt es einen Redner, der ein Thema beleuchtet. Die zuhörenden Mitarbeitenden und Führungskräfte sind zu Snacks eingeladen und lernen zu einem neuen Thema oder intensivieren ihr Wissen. Nach dem 20–30 min langen Vortrag diskutieren die Teilnehmenden in kleinen Gruppen für 20 min. Dann stellen mehrere Teilnehmende kurz in zwei Minuten vor, wie sie die Inhalte in die Praxis übertragen werden. So passieren mehrere Dinge gleichzeitig: Erstens Mitarbeitende lernen, zweitens sie diskutieren die mögliche Anwendung in ihrer individuellen Praxis, drittens sie vernetzen sich und lernen die Mitarbeitenden in anderen Abteilungen besser kennen. Bei diesem Kennenlernen passiert außerdem, dass Mitarbeitende und Führungskräfte lernen, dass die Kolleginnen ähnliche Herausforderungen bei einem Thema haben. Folglich entstehen Nähe und mehr Vertrautheit mit neuen und mit bekannten Kolleginnen.

Das Ergebnis:

Mitarbeiter verstehen: **Lernen ist essenziell für uns und unser Unternehmen. Und: Wenn wir für Lernen eine Priorität setzen, werden wir immer besser.**

Selbstreflexion

Das ist mein Key-Learning dieses Abschnitts, das möchte ich mir merken:

....

....

....

Das machen wir aus meiner Sicht schon gut, dafür bin ich dankbar:

....

....

....

Perspektivwechsel: So sehen das vermutlich meine Mitarbeitenden…

....

....

....

Bei genau diesem Aspekt des Themas „*Kein Lernen. Kein Wachstum. Kein Überleben*" sehe ich Veränderungspotenzial in meinem Unternehmen/Team:

....

....

....

Das möchte ich konkret in den nächsten zwei Wochen anders machen/ausprobieren:

....

....

....

Nach den zwei Wochen:
Diese Erfolge konnte ich erzielen:

....

....

....

Hier ist noch mehr zu tun:

....

....

....

Die Umsetzung

3

Sie sind nachdenklich geworden?

Sie fragen sich, wie gut Sie mit Ihrem Team bzw. mit Ihrem Unternehmen dastehen?

Sie möchten wirklich etwas verändern und noch dynamikrobuster und erfolgreicher werden?

Was können Sie *konkret* tun, um wirklich etwas zu verändern? Dieses dritte Kapitel ist ein Umsetzungskonzept, das Sie komplett oder teilweise nutzen können. Wenn Sie für einzelne Schritte noch bessere Umsetzungsideen haben, nur zu!

Sie wissen ja, ohne Umsetzung bringt die beste Idee rein gar nichts. Machen Sie das Beste aus der von Ihnen investierten Lesezeit.

Los geht's:

Schritt 1 – Mitarbeitende befragen
Um die wichtigsten Ansatzpunkte für Ihr Team und Ihr Unternehmen zu identifizieren, fragen Sie am besten Ihre Mitarbeitenden. Entscheiden Sie nicht selbst, was die wichtigsten Themen sind. Lassen Sie Ihre Mitarbeitenden Teil der Lösung sein. Die Implementierung von Veränderungen wird auf diese Weise viel besser mitgetragen. Fragen zu jeder These dieses Buches finden Sie in diesem online Fragebogen, den Sie gern als Vorlage nutzen können: https://www.survio. com/survey/d/O4E2L6U7H0I5J9W2Z.

Sollten Sie Mitarbeitende ohne Zugang zu einem eigenen Computer haben, so können Sie den Fragebogen auch auf Papier verteilen, um deren Sichtweise ebenfalls zu erhalten.

© Der/die Autor(en), exklusiv lizenziert an Springer Fachmedien Wiesbaden GmbH, ein Teil von Springer Nature 2023
M. Jotzo, *Führungs-NEULAND – Nicht betreten auf eigene Gefahr,* essentials, https://doi.org/10.1007/978-3-658-41097-1_3

Sie erhalten dadurch einen Überblick über den aktuellen Status Quo in Ihrem
Unternehmen, Ihrem Bereich oder Ihrer Abteilung und können gleichzeitig die
Themen identifizieren, mit denen Sie starten wollen.
Ergebnis: Zwei Top-Themen, die am wichtigsten sind.

Schritt 2 – Team zusammenstellen
Diese beiden Top-Themen werden nun bearbeitet. Für diesen Prozess darf sich
jeder Mitarbeitende in Ihrem Unternehmen, Ihrem Bereich, Ihrer Abteilung
anmelden. Lassen Sie bei der Anmeldung kurz zwei Fragen beantworten, damit
Sie das Commitment erkennen:

1. Meine Motivation: Warum möchte ich teilnehmen?
2. Mein Beitrag: Welchen Input möchte ich mit meiner Mitarbeit einbringen?

Sollten Sie die eine oder andere Schlüsselperson im Auge haben, die keinesfalls
fehlen darf – gern auch Anders- und Querdenker- laden Sie diese gezielt ein. Und
falls – wider Erwarten – mehr Mitarbeitende und Führungskräfte mitarbeiten
wollen als gedacht? Umso besser! Je mehr Mitarbeitende diesen Prozess aktiv
gestalten, umso höher die Umsetzungsenergie und Akzeptanz im Unternehmen
für die erarbeiteten Maßnahmen. Die Führungsriege ist wichtig, achten Sie aber
auf signifikante zahlenmäßige Beteiligung der Mitarbeitenden, um die Akzeptanz
zu maximieren. Meine Empfehlung: mindestens 50 % Mitarbeitende, mindestens
12 Personen.
    Sollten Sie diesen Prozess auf Team- oder Abteilungsebene durchführen, so
passen Sie die Zusammenstellung entsprechend Ihrer Situation an.
    Optional: Alle Teilnehmenden erhalten ein Exemplar dieses Buches, damit alle
den gleichen Wissensstand haben und ein ähnliches Vokabular verwenden.

Schritt 3 – Vorbereitungen treffen
Treffen Sie sich zu einem Workshop mit diesem Personenkreis.
    Lassen Sie jeden Teilnehmenden – auch Sie selbst – vor dem Workshop aus-
arbeiten:

1. Was läuft schon gut für die beiden Top-Themen?
2. Was läuft nicht so gut für die beiden Top-Themen?

Jeder schreibt diese Punkte mit einem dicken schwarzen Marker auf grüne und
orange Moderationskarten und bringt sie mit in den Workshop.

Falls Sie das Meeting online durchführen, veranlassen Sie, dass jeder Teilnehmende seinen Input elektronisch vorbereitet hat, so lassen sich diese schnell per copy/paste auf einem Miro-Board zusammentragen.

Schritt 4 – Daten sammeln
Alle Moderationskarten werden nun an zwei Stellwänden zusammengetragen – eine Wand pro Top-Thema. Die Teilnehmenden stellen nun nacheinander ihre Moderationskarten mit 1–2 Sätzen pro Karte der Gruppe vor. Ziel ist, dass alle im Raum den Gedanken hinter jeder Karte bzw. jedem Kommentar verstanden hat. Einige Karten werden allen sofort klar sein, andere benötigen eine kurze Erläuterung. Aber bitte wirklich kurz & knackig.
Zeitfenster: ca. 30–45 min (je nach TN-Zahl)

Schritt 5 – Cluster bilden
Jetzt werden die Karten unabhängig von ihrem Ursprungs -Top-Thema thematisch passend gruppiert. Diese neuen Cluster erhalten jeweils eine Überschrift. Bei dieser Übung bleibt niemand auf seinem Platz sitzen. Alle helfen mit, die neue Gruppierung zu finden. Am Ende dieser Phase prüfen alle Anwesenden noch einmal, ob die Karten nun passend beieinander hängen und ob die neuen Überschriften treffend sind.
Zeitfenster: ca. 30 min

Schritt 6 – Prioritäten festlegen
Ziel ist nun, die wichtigsten Themen zu identifizieren. Jede Person erhält vier Klebepunkte, um die für sie wichtigen Gruppen auszuwählen und zu bepunkten. Nach Abgabe aller Stimmen/Punkte wissen Sie, welche Themen die wichtigsten sind.
Zeitfenster: ca. 10 min

Schritt 7 – Lösungsansätze erarbeiten
Wählen Sie die z. B. drei Themen aus, die laut Klebepunkteanzahl am wichtigsten sind. Die zwölf Teilnehmenden verteilen sich auf diese drei Themen und bearbeiten diese in folgenden Schritten:

1. 5× Warum-Methode? Um an der Wurzel des Problems zu arbeiten und Symptombekämpfung zu vermeiden, wird bis zu fünf Mal die Frage nach dem Warum gestellt. Ein Beispiel für eine Frage: „Warum haben wir das Problem?" Dann suchen alle eine Antwort darauf. Dann wieder: „Warum" fragen, Antwort finden usw.

2. Ist die Ursache ausreichend erforscht, werden konkrete Maßnahmen abgeleitet und auf einem Flipchart festgehalten: „Wer? Macht was? Bis wann?".

Mit diesen Vorschlägen in der Hand kommt im nächsten Schritt dann das Plenum wieder zusammen.
Zeitfenster: ca. 30–45 min

Schritt 8 – erste Maßnahmen verabschieden
Diese Ergebnisse der Teilgruppen werden nun der gesamten Gruppe vorgestellt. Die Gruppe beschließt danach, welche zwei bis fünf Maßnahmen sie in den nächsten vier Wochen umsetzen will. Achten Sie dabei auch darauf, mindestens einen Quick Win in diese Maßnahmenplanung zu integrieren. Schnelle Erfolgserlebnisse steigern die Motivation.
Zeitfenster: ca. 90 min

> ▶ **Wichtig** Außerdem beschließt die Gruppe, welche von den Ergebnissen in welcher Weise an die Belegschaft kommuniziert wird. Der Prozess soll möglichst offen gestaltet werden, sodass ein Austausch zwischen den Teilnehmenden des Workshops und der restlichen Belegschaft erfolgt. Dabei ist wichtig, dass die Umsetzung der Maßnahmen realistisch ist, sonst führt dieser Prozess zu Frustration.

Um die Arbeitspakete zu planen, priorisieren und den Fortschritt für alle zu jeder Zeit transparent zu halten, stelle ich Ihnen hier kurz und knapp das Task-Board/Kanban-Board vor. Dieses kann auf einer Metaplanwand dargestellt werden oder digital über Trello.com, Miro.com oder eines ihrer internen Plattformen wie One Note o. ä.

Team-Task-Board
Warum braucht's das überhaupt?
Wenn für alle im Team transparent ist, welche Aufgaben mit welcher Priorität anstehen, kann gewährleistet werden, dass stets die wichtigsten Themen zuerst bearbeitet werden. Das Team hat sämtliche Teamaufgaben im Blick. Außerdem können immens viele Faktoren wie Abhängigkeiten, Wartezyklen, Durchflusseffizienz sichtbar gemacht werden. Transparenz ist die Basis für engagierte Mitarbeitende bei Veränderungen. Das gilt auch für von Ihnen zusammengestellte Change-Team. Dabei kann der Aufbau des Team-Task-Boards so einfach sein, wie in dieser Abb. 3.1 dargestellt.

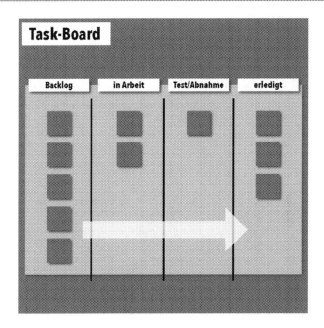

Abb. 3.1 Das Team-Task-Board. Immer die Prioritäten im Blick haben

Das Werkzeug:
Das Kanban-Board zur Visualisierung der Arbeit und von Arbeitsabläufen. Wenn Tickets zu lange in einer Spalte hängen, prüfen, woran das liegt. Meist gibt es dann Abhängigkeiten oder es fehlen Informationen.
So geht's…

1. Formulierung der Arbeitspakete auf Tickets (z. B. Post-Its)
2. Priorisierung im Backlog (wichtigstes Ticket hängt oben, es ist nur eine Reihe zulässig)
3. Definition der Spalten (Arbeitsschritte)
4. Optimierung von Abläufen zur Erhöhung der Durchflussgeschwindigkeit

Das Ergebnis:
Klarheit über Aufgaben und Priorisierung; lernende Organisation, da Abläufe transparent werden und damit Optimierungspotenziale; kürzere Durchlaufzeiten.

Schritt 9 – die Umsetzung
Nun trifft sich diese Workshop-Gruppe alle vier Wochen für 4 h, um die
Umsetzung Schritt für Schritt zu begleiten.

1. Was haben wir schon erreicht? Wo dürfen wir unsere Herangehensweise über-
   denken, um noch erfolgreicher zu arbeiten?
2. Reflexion der Zusammenarbeit: Was können wir verbessern? Wo sollten wir in
   Bezug auf unsere Zusammenarbeit im Projektteam nachschärfen?
3. Planung der kommenden vier Wochen: Wer? Was? Bis Wann? Das Team über-
   legt sich dabei, wie es den Erfolg seiner Maßnahmen messen wird.

Stück für Stück erarbeitet das Team nun Maßnahmen, die von vielen
Menschen im Unternehmen umgesetzt und getragen werden.

Damit setzen Sie den Startpunkt für einen kontinuierlichen Verbesserungs-
prozess: beobachten, messen, diskutieren, anpassen.

Wenn Sie bei diesem Prozess Unterstützung benötigen, kontaktieren Sie mich
gern:

service@markus-jotzo.com

Liebe Führungskräfte!

Nun haben Sie einen ganzen Batzen an Umsetzungstipps erhalten. Wie intensiv Sie nun Ihre Führungsarbeit neu gestalten, liegt ganz bei Ihnen. Nur eines sollten Sie nicht tun: Nichts. Wenn Sie wenig Zeit haben, dann delegieren Sie die Verantwortung für den gesamten Umsetzungsprozess an eine dafür brennende Mitarbeiterin. Und seien sie stets bereit, mit Ihrer Zeit und Kreativität mitzuarbeiten und zu unterstützen. Es ist ja Ihr Unternehmen bzw. Team. Das geht nicht? Klar geht das. Lesen Sie noch nochmal in meinem Buch „Loslassen für Führungskräfte" nach … Sie können viel mehr delegieren als Sie es sich vorstellen können.

Und: Erzählen Sie mir gern von Ihren Umsetzungserfolgen. Gern per E-Mail, XING, LinkedIn oder Instagram. Ich bin gespannt!

Wenn Sie weitere Führungsinspirationen interessieren, dann abonnieren Sie auf meiner Homepage www.markus-jotzo.com – auf jeder Seite ganz unten – meinen Leadershipletter, lesen Sie meinen Blog auf meiner Homepage, hören Sie meinen Podcast „Führen wie ein Löwe" bei Spotify oder dort, wo Sie gern Ihre Podcasts hören, und wenn Sie konkreten Einzelcoaching- oder Trainings-Bedarf haben oder einen Redner für Ihre nächste Führungskräfte-Tagung suchen, dann kontaktieren Sie mich unter service@markus-jotzo.com. Ich freue mich auf Sie!

Rock'n'Roll!
Ihr Markus Jotzo

Was Sie aus diesem *essential* mitnehmen können

- Nur mit ausreichend Zeit für Strategie und Konzeption stellen Sie die Weichen auf Unternehmenserfolg.
- Das regelmäßige, strukturierte Feedback Ihrer Mitarbeitenden befähigt Sie, auf das nächste Level zu klettern.
- Mit einfachen Techniken erhalten Sie mitdenkende, engagierte Mitarbeitende.
- Zeitfresser lassen sich konsequent und schnell eliminieren.
- Lust auf Veränderung und Veränderungskompetenz entsteht durch regelmäßiges Lernen jedes Mitarbeiters.

M. Jotzo, *Führungs-NEULAND – Nicht betreten auf eigene Gefahr,* essentials, https://doi.org/10.1007/978-3-658-41097-1

Printed in the United States
by Baker & Taylor Publisher Services